ellermann

ellermann im Dressler Verlag GmbH · Hamburg
© Dressler Verlag GmbH, Hamburg 2013
Erstausgabe 2007: Ellermann Verlag GmbH, Hamburg
Alle Rechte vorbehalten
Einband und farbige Illustrationen von Wilfried Gebhard
Reproduktion: Domino Medienservice GmbH, Lübeck
Druck und Bindung: Offizin Andersen Nexö, Leipzig
Printed 2015
ISBN 978-3-7707-2823-7

www.ellermann.de

Die spannendsten griechischen Sagen

Neu erzählt von Dimiter Inkiow
Bilder von Wilfried Gebhard

ellermann im Dressler Verlag GmbH · Hamburg

Inhalt

Die Entstehung der griechischen Götterwelt   7

Der Rat der Götter   11

Daidalos, der Einfallsreiche   18

Ein Labyrinth für den Minotaurus   24

Theseus und der Faden der Ariadne   32

Daidalos und Ikaros   43

Sisyphos   50

Kadmos   62

Ares und Aphrodite   67

Semele und Dionysos   70

König Midas   77

Achilles und die Reise nach Troja   80

Hades, der Gott der toten Seelen   88

Hades und Persephone   92

Demeter und Persephone	95
Zeus und die Bestrafung der Urmenschen	99
Poseidon	105
Nyx, die Göttin der Nacht	110
Artemis, die Göttin der Jagd	115
Eos, die Göttin der Morgenröte	122

Diese Geschichten haben sich vor sehr langer Zeit ereignet, vor Tausenden von Jahren, als auf dem Berg Olymp in Griechenland noch Götter lebten. Deshalb wagte damals kein Mensch, den Gipfel des Berges zu besteigen. Heute leben längst keine Götter mehr auf dem Olymp. Wohin sie gegangen sind, weiß niemand.

Neben den Göttern gab es auch Halbgötter, Helden, Ungeheuer und Fabelwesen. Von ihnen allen erzählen die Geschichten in diesem Buch.

Die Entstehung der griechischen Götterwelt

Die ersten Götter in Griechenland waren Gaia, die Erdgöttin, und Uranus, der Himmelsgott.
Uranus und Gaia heirateten. Und schon bald bekamen die beiden Kinder. Weil Gaia, die Erde, und Uranus, der Himmel, gewaltig groß waren, ist es kein Wunder, dass sie auch sehr, sehr große Kinder hatten. Die ersten drei ihrer Kinder waren die hundertarmigen Riesen. Dann kamen noch drei Kinder: die Kyklopen, die einäugige Riesen waren. Später bekamen Gaia und Uranus zwölf weitere Kinder – sechs Söhne und sechs Töchter: die Titanen.
Da seine Kinder so stark waren, hatte Uranus Angst, dass sie ihn vom Thron stürzen könnten und er so seine Macht verlieren würde. Am meisten Angst hatte er vor den Kyklopen und den hundertarmigen Riesen. Deshalb nahm er all seine Kraft zusammen und warf diese sechs Söhne in die Finsternis des Tartaros. Der Tartaros lag tief unter der Erde und war der Ort, in dem Uranus seine Widersacher einsperrte.
Seine Frau Gaia war entsetzt, doch Uranus wollte seine Söhne nicht zurückholen.
Der Jüngste der Titanen, Kronos, wollte seine Brüder retten. Er hatte den Mut, gegen Uranus zu kämpfen.

Nach einem furchtbaren Kampf, bei dem der Himmel erzitterte, siegte schließlich Kronos.

»Du hast mich von meinem Thron gestoßen!«, rief Uranus wütend. »Aber eines prophezeie ich dir, Kronos: Eines Tages wirst du ebenfalls von einem deiner Söhne entthront werden! Und deine Brüder, die Kyklopen und die hundertarmigen Riesen, werden deinem Sohn dabei helfen.«

Kronos erschrak, als er das hörte, und sagte: »Dann werde ich meine Brüder nicht befreien. Sie sollen für immer im Tartaros bleiben. Und ich werde niemals Kinder haben. So wird sich die Prophezeiung nicht erfüllen.«

Mit diesen Worten setzte sich Kronos auf den Thron. Er herrschte zusammen mit seiner Frau Rhea über die anderen Götter Griechenlands.

Nach einigen hundert Jahren bekam Rhea dann aber doch ein Kind. Kronos war sehr wütend. Und damit ihm sein Kind nicht gefährlich werden konnte, tat er etwas ganz Schreckliches: Er verschlang es gleich nach der Geburt. Das Gleiche tat er später noch mit vier weiteren Kindern. So lebten seine fünf Kinder in Kronos' Bauch weiter. Denn wie alle Götter waren sie unsterblich.

Kronos hatte drei Töchter – Hera, Hestia und Demeter – und zwei Söhne – Poseidon und Hades.

Rhea war sehr traurig darüber, dass Kronos ihre Kinder verschlungen hatte. Als sie einen weiteren Sohn bekam, versteckte sie ihn vor Kronos in einer Höhle auf der Insel Kreta. Dieser Sohn war Zeus. Zeus wurde von einer göttlichen Ziege und Bergnymphen aufgezogen, ohne dass Kronos es merkte. Zeus wuchs zu einem sehr großen und mächtigen Gott heran. Als Rhea ihm von seinen fünf Geschwistern erzählte, wurde Zeus wütend.

»Ich werde sie befreien und Kronos stürzen!«, rief Zeus. »Ich werde meinen Vater im Schlaf überraschen. Er muss meine Geschwister ausspucken! Dafür werde ich sorgen.«

Und so geschah es auch: Als Kronos schlief, schlich sich Zeus heran, packte ihn an den Füßen und schüttelte Kronos kopfüber so lange, bis er alle seine Kinder ausgespuckt hatte.

Zeus verbannte Kronos in die Finsternis des Tartaros. Die Kyklopen und die hundertarmigen Riesen befreite Zeus und ließ sie auf die Erde zurückkommen. Die Kyklopen freuten sich und sagten: »Zum Dank schmieden wir dir einen Donnerkeil, Zeus. Damit kannst du donnern und wirst auch Blitze erzeugen können.«

Die Blitze wurden Zeus' gefährlichste Waffe. Und Zeus wurde der mächtigste Gott. Er liebte den Berg Olymp, deshalb wählte er ihn zu seinem Sitz. Von dort aus beherrschte er die Welt.

Es gab sehr viele Götter, doch Zeus war der Hauptgott im alten Griechenland. Er wurde auch »der Allmächtige«, »der donnernde Blitzerzeuger« und »der Vorausschauende« genannt. Alle – Menschen und Götter – hatten Angst vor Zeus, weil er so mächtig war.

Doch natürlich gab es auch noch andere Götter neben Zeus. Zusammen mit seinen beiden Brüdern Hades und Poseidon teilte Zeus sich die Welt auf. Als Hauptgott herrschte Zeus über die Erde, den Himmel und den finsteren Tartaros. Poseidon herrschte über die Meere und Gewässer. Und Hades wurde der Gott der Unterwelt und der toten Seelen.

Neben vielen weiteren Göttern und Göttinnen gab es auch Halbgötter, Kentauren und Satyrn, die halb Mensch und halb Tier waren; es gab Okeaniden, das heißt Meeresgöttinnen; und es gab Nymphen: wunderschöne, junge, unsterbliche Frauen, die in Gebirgsbächen lebten.

Der Rat der Götter

Der Gipfel des Olymps, der Sitz der Götter, sollte noch schöner werden. Deshalb schickte Zeus seinen Boten Hermes zu Hephaistos, dem Gott der Schmiedekünste.

»Zeus will dich sprechen. Komm mit mir auf den Olymp!«, sagte Hermes zu Hephaistos.

Hephaistos kam aus seiner unterirdischen Werkstatt heraus, die sich in einem erloschenen Vulkan auf dem Boden des Ozeans befand.

»Ich bin ganz schmutzig von der Arbeit«, sagte er. »Ich will mich erst waschen. Dann komme ich mit.«

Gesagt, getan. Kurz darauf flogen die beiden zum Olymp.

»Du hast mich rufen lassen, Vater?«, fragte Hephaistos.

»Ja, ich will etwas mit dir besprechen, Hephaistos«, sagte Zeus, und Hephaistos war sehr gespannt, was sein Vater zu sagen hatte.

Zeus räusperte sich und fuhr dann fort: »Es wird immer schwieriger, die Welt zu regieren. Die Menschen vermehren sich und machen mir Ärger. Deshalb werde ich einen Rat der Götter berufen. Dort sollen neben mir die zwölf wichtigsten Götter und Göttinnen sitzen: du, Poseidon, Hades, Hera, Pallas Athene, Demeter, Apollon, Artemis, Aphrodite, Ares, Hermes und Dionysos. Ich werde der Vorsitzende des Rates sein. So wird es immer, wenn wir Beschlüsse fassen, eine Mehrheit geben. Wir sollten aber den Gipfel des Olymps ausbauen und verschönern. Ich bitte dich, auf dem Olymp elf prächtige, goldene Paläste zu bauen: für jeden Gott einen.«

»Es müssen aber doch dreizehn sein!«, erwiderte Hephaistos.

Zeus schüttelte den Kopf. »Elf reichen. Poseidon will hier keinen Palast. Er bleibt in seinem Reich, auf dem Boden des Ozeans. Auch Hades will seine Unterwelt nicht verlassen. Deshalb brauchen wir nur elf Paläste.«

»Ich will auch nicht hier oben wohnen, Vater Zeus«, sagte Hephaistos.

»Die Metalle, die ich für meine Arbeit brauche, gewinne ich aus dem Inneren der Erde. Ich bleibe lieber in meiner Werkstatt, in meinem Vulkan.«

Zeus war damit einverstanden und sagte: »Gut. Dann baue zehn Paläste! Einen schöner als den anderen. Der Gipfel des Olymps soll von Weitem erstrahlen! Die Menschen sollen wissen: Hier leben die Götter!«

Hephaistos begann sofort mit der Arbeit.

Für jeden Gott und jede Göttin baute er den passenden Palast. Der Palast von Artemis, der Göttin der Jagd, war zum Beispiel mit Jagdbildern verziert, der Palast von Aphrodite mit Liebesszenen und der Palast von Ares mit Kriegsbildern.

Der prächtigste war natürlich der Palast von Zeus. Dort war auch der Sitzungssaal, in dem sich der Rat der Götter traf. Die Wände waren aus Bergkristall, und es gab einen runden Tisch aus purem Gold. Um den Tisch standen zwölf goldene Stühle und ein herrlicher Thron für Zeus. Auch wenn die Götter um den Tisch saßen und miteinander redeten, konnten sie die ganze Welt beobachten. Ihren aufmerksamen Augen entging nichts.

Im Rat der Götter saßen neben Zeus, dem Hauptgott und Vorsitzenden, folgende Göttinnen und Götter:

HERA, sie war Zeus' dritte Ehefrau. Die Römer nannten sie Juno. Sie war die Göttin und die Beschützerin der Familie. Zwei riesengroße Schlangen – Pythons – waren ihre Dienerinnen.

POSEIDON, ein Bruder des Zeus. Die Römer nannten ihn Neptun. Er war einer der mächtigsten Götter, gefürchtet wegen seines Zorns. Er herrschte über alle Gewässer und lebte in der Tiefe des Meeres, in einem prächtigen goldenen Palast. In seinem Streitwagen, der von drei schwarzen Rossen gezogen wurde, den Dreizack drohend in der Hand, durchkreuzte er die Meere, schnell wie der Wind. So haben ihn viele Künstler abgebildet. Man nannte ihn auch »den Erderschütterer«.

ARES, die Römer nannten ihn Mars. Er war der einzige Sohn von Zeus und Hera. Er war der Gott des Krieges.

HADES, ein weiterer Bruder des Zeus. Die Römer nannten ihn Pluto. Er herrschte über die Unterwelt, die nach ihm benannt war, und über die toten Seelen.

ATHENE, auch Pallas Athene genannt, war die Lieblingstochter des Zeus. Sie war die Göttin der Weisheit, des Sieges und der schönen Künste. Ihr Lieblingsvogel war die Eule. Deshalb glaubt man bis heute, dass die Eule ein sehr kluger Vogel ist. Die Römer nannten sie Minerva.

APOLLON, ein Sohn von Zeus und der Titanin Leto. Er war der Gott des Bogenschießens, der schönen Künste und der Weissagung. Er war der Gott, der alles wusste. Er sah so wunderschön aus, dass man noch heute beim Anblick eines schönen Mannes sagt: »So schön wie Apollon!«

APHRODITE war die Göttin der Liebe. Die Römer nannten sie Venus. Sie schenkte den Menschen Liebe, Schönheit und Fruchtbarkeit. Man sagte, dass sie im Meeresschaum geboren sei.

HERMES war Zeus' Sohn von der Nymphe Maia, einer Tochter des Titanen Atlas. Er war der Gott der Diebe, des Handels, der Reisenden und der Kaufleute.
Zeus diente er als Bote, weil er in Windeseile jeden Winkel der Welt erreichen konnte. Er trug goldene geflügelte Sandalen. Die Römer nannten ihn Merkur.

ARTEMIS war die Zwillingsschwester des Apollon. Sie war die Göttin der Jagd, aber gleichzeitig auch die Beschützerin der wilden Tiere und der Kinder. Die Römer nannten sie Diana.

HEPHAISTOS war Heras Sohn. Er hatte keinen Vater. Die Römer nannten ihn Vulcanus. Er war der Gott des Feuers und der Schmiedekünste. Er baute für die Götter die goldenen Paläste auf dem Olymp.

DEMETER, eine Schwester von Zeus. Sie war die größte Erdgöttin. Ihr Name bedeutet »Mutter Erde«. Sie war die Göttin der Fruchtbarkeit. Die Römer nannten sie Ceres und die Ägypter Isis.

DIONYSOS war der Gott des Weines. Die Römer nannten ihn Bacchus. Er war das jüngste Mitglied im Rat der Götter. Sein Vater war Zeus. Seine Mutter war Semele, die Tochter von Kadmos, dem Gründer von Theben.

Daidalos, der Einfallsreiche

In der Zeit, in der die griechischen Götter auf dem Berg Olymp lebten, gab es in Athen einen großen Künstler und Erfinder, einen Menschen, der so gut wie alles bauen konnte. Sein Name war Daidalos. »Daidalos« ist altgriechisch und bedeutet »der Einfallsreiche«.
Dieser Erfinder war sehr fleißig. Wenn man ihn fragte: »Warum arbeitest du so viel?«, antwortete er: »Weil es mich glücklich macht. Wenn ein Werk vollendet ist, bin ich der glücklichste Mensch der Welt!«
Er konnte so naturgetreu malen, dass man seine Bilder anfassen musste, um sicher zu sein, dass es wirklich Bilder waren. Auf die Mauer vor seinem Haus hatte er zwei riesige, schwarze Hunde gemalt, und viele Menschen machten einen großen Bogen um sein Haus, weil sie dachten, es seien lebendige Hunde. An die Wand seines Wohnzimmers hatte er einen herrlichen Garten gemalt. Seine Besucher dachten, es sei ein echter Garten, und sie gingen weiter, bis sie staunend an die Wand stießen.

Unter Daidalos' Händen verwandelten sich Marmorblöcke in wunderschöne Statuen: in Götter, Menschen, Blumen und Tiere.
Die Athener liebten und bewunderten ihn: »Du kannst Steine zum Leben erwecken!«, riefen sie ihm zu.

»Oh nein! Nein! Ich enthülle nur das, was die Götter in den Marmorblöcken versteckt haben«, antwortete Daidalos. »In jedem Stein, in jedem Marmorblock steckt etwas Lebendiges. Was es ist, weiß ich, wenn ich den Lauf der Steinader sehe. Dann brauche ich Hammer und Meißel, um es herauszuholen.«

»Daidalos, du bist ein Zauberer«, sagten die Athener oft.

Dann sah Daidalos sie verwundert an und sagte: »Die Götter sind die Zauberer. Ich bin nur ihr Diener!«

Mit der Zeit wurde Daidalos der berühmteste Maler, Bildhauer, Architekt und Erfinder Athens. Er hatte sehr viel zu tun, denn er bekam fast jeden Tag neue Aufträge.

Aber davon abgesehen war sein Leben friedlich und ruhig.

Doch das änderte sich eines Tages, als ein Bote des Königs von Kreta an seine Tür klopfte.

Der Königsbote verbeugte sich, legte ein Säckchen voll Goldstücke vor Daidalos' Füße und sagte: »Ich komme von der Insel Kreta. Königin Pasiphae schickt mich. Sie sendet dir herzliche Grüße und dieses Gold hier. Sie lädt dich zu uns nach Kreta ein. Du sollst nämlich ein Meisterwerk für sie schaffen. Aber es eilt! Die Königin sagte, du sollst keinen Tag verlieren. Bitte, komm mit mir mit.«

»Und was für ein Meisterwerk soll es sein?«

»Das hat sie nicht gesagt. Im Hafen wartet ein Schiff auf uns. Bitte, pack deine Sachen, und komm mit mir mit! Die Königin versprach, dass sie dich in Gold aufwiegen würde, wenn du ihren Wunsch erfüllen kannst!«

Die griechische Insel Kreta war in dieser Zeit ein mächtiges Königreich. Sein König Minos war göttlicher Abstammung: Er war ein Sohn von Zeus und seiner Geliebten Europa. Auch Königin Pasiphae hatte einen göttlichen Vater, den Sonnengott Helios.
Daidalos brauchte darum nicht lange zu überlegen.
»Gut. Ich komme!«, rief er.

Auf Kreta angekommen, erfuhr Daidalos, dass König Minos verreist war. Der König befand sich auf Eroberungstour. Und keiner wusste, wann er zurückkommen würde.
Königin Pasiphae regierte die Insel. Sie war eine große, schöne Frau, mit hellen, glühenden Augen und Haaren, die golden wie die Sonne schimmerten. Kein Wunder, denn ihr Vater war ja der Sonnengott Helios.
Die Königin empfing Daidalos in ihren Gemächern und sagte zu ihm:
»Hör zu, Daidalos. Ich bin von einer seltsamen Sehnsucht besessen. Ein Verlangen, das mich Tag und Nacht quält. Ich kann nicht schlafen. Ich kann nicht essen. Wenn ich nicht nachgebe, dann sterbe ich. Nur du kannst mir helfen! Du musst mir eine künstliche Kuh bauen, Daidalos. Sie muss wie eine lebendige Kuh aussehen. So lebendig, dass sogar ein Stier sie für echt hält und sich in sie verliebt. Eine künstliche Kuh, die hohl ist, damit ich mich darin verstecken kann. So kann der Stier mich lieben. Natürlich darf es keiner erfahren. Nur du und ich wissen es. Ich werde dich fürstlich belohnen, wenn die Kuh fertig ist. Wenn aber etwas schiefgeht, verlierst du deinen Kopf.«
»Verstehe!«, sagte Daidalos und nickte.

»Ich muss diesem Verlangen nachgeben – sonst sterbe ich.« Königin Pasiphae sah Daidalos verzweifelt an. »Es ist ein göttlicher Stier. Poseidon schickte ihn aus der Tiefe des Meeres zu uns. Er schenkte ihn König Minos, meinem Mann, mit der Auflage, ihn bei einem Fest den Göttern des Olymps zu opfern. Aber mein Mann wollte das prächtige Tier nicht opfern. Er opferte stattdessen einen anderen Stier. Den Stier von Poseidon behielt er als Zuchtbulle für seine Herden. Das war eine große Sünde! Und jetzt bestrafen mich die Götter mit der Sehnsucht nach diesem Stier!«

»Es ist ein Fluch des Gottes Poseidon, Königin«, sagte Daidalos. »Es ist ein Fluch!«

»Ich habe mit meinem Vater Helios darüber gesprochen«, antwortete Königin Pasiphae. »Er meinte, auch Aphrodite, die Göttin der Liebe, hätte ihre Hand im Spiel. Sie hasst mich, weil mein Vater, der Sonnengott, vor Jahren ihrem Mann Hephaistos ihre Liebe zum Kriegsgott Ares verraten hat. Aphrodite hat mir nun die unnatürliche Liebe zu diesem Stier als Rache eingehaucht.«

Daidalos überlegte und sagte: »Ich werde Euch helfen, Königin. Ich werde die künstliche Kuh bauen, eine hohle Kuh, die wie eine echte aussieht. Ihr werdet Euch darin verstecken, sodass sich der Stier in Euch verlieben wird. Und nur wir beide werden es wissen.«

Daidalos bestellte Holz, ließ eine der größten königlichen Stallungen räumen und machte sich an die Arbeit. Keiner durfte hinein. Keiner durfte sehen, was er baute.

Nach einer Woche harter Arbeit war die künstliche Kuh fertig. Sie sah so echt aus, dass viele Menschen dachten, sie wäre lebendig.

Daidalos hatte die hölzerne Kuh sogar mit dem Fell einer echten Kuh umhüllt.

In dieser künstlichen Kuh versteckte sich die Königin. Und der göttliche Stier ließ sich täuschen. So konnte die Königin ihr Verlangen stillen und wurde geheilt.

Aber die Sache blieb nicht geheim. Denn Königin Pasiphae wurde schwanger. Und das Kind, das sie bekam, war ein Ungeheuer: halb Mensch, halb Stier – der Minotaurus.

Ein Labyrinth für den Minotaurus

Der Minotaurus hatte den Körper eines Menschen, aber den Kopf und den Hals eines Stieres. Er hatte große schwarze, messerscharfe Hörner und grobe, starke Hände. Sein ganzer Körper war mit einem Rinderfell bedeckt.
Seine Stimme war laut und tief und klang schrecklich. So eine Stimme hatte bis dahin noch niemand gehört. Sie klang wie lautes Brüllen. Aber in diesem schrecklichen Brüllen konnte man Worte erkennen – Worte, die Angst und Schrecken verbreiteten.

In dieser Zeit bevölkerten auch andere Mischwesen die Wälder Griechenlands, wie zum Beispiel Kentauren, die halb Mensch, halb Pferd waren. Im Gegensatz zum Minotaurus waren die Kentauren aber friedliche Wesen.

Schon einen Tag nach seiner Geburt zerriss der Minotaurus seine Windeln und sprang auf seine zwei Beine. Er konnte sofort laufen.
Die Königin wusste nicht, was sie tun sollte, und ließ ihn in ein Zimmer einsperren. Vier Frauen sollten ihn dort stillen. Aber das reichte ihm nicht.

Zwei Tage später zertrümmerte er mit seinen Hörnern die Zimmertür und lief in den Kuhstall. Dort stürzte er sich auf das Euter einer Kuh und fing gierig an zu trinken.

Er wollte nicht in den Palast zurück – er blieb lieber im Kuhstall.

Die Kühe stillten ihn, und er wurde jeden Tag größer. Nach einem Jahr war er so groß wie sein Vater, der göttliche Stier.

Jetzt konnte ihn keiner mehr bändigen. Er war stärker als zehn Menschen zusammen.

Aber das Schlimmste war, dass er von Tag zu Tag wilder wurde. Seine meterlangen Hörner wurden immer spitzer und so hart wie Stahl.

Am Anfang graste er noch auf den königlichen Wiesen mit den anderen Rindern zusammen. Doch eines Tages tötete er zwei Kälber.

Von da an verlangte er nur noch Fleisch, Fleisch und nochmals Fleisch. Er fraß noch mehr Rinder, bis man ihn schließlich allein in einen Stall einsperrte und ihn mit einer dicken Eisenkette festband.

Der Minotaurus fing laut an zu brüllen und versuchte sich zu befreien. Nachts war er manchmal so laut, dass keiner im Palast schlafen konnte.

Trotzdem tat der Minotaurus Königin Pasiphae leid: Er war zwar ein Ungeheuer, aber er war auch ihr Kind.

König Minos bekam einen Wutanfall, als er von seinem Feldzug zurückkehrte und das Ungeheuer sah. Auch Helios, der Sonnengott, sah besorgt vom Himmel: Ein Stier als Enkelkind war ihm nicht ganz geheuer.

»Weg mit ihm!«, brüllte König Minos. »Das Ungeheuer muss verschwinden. Ich werde es töten lassen!«

»Töten sollte man es! Töten!«, verlangten auch die Bediensteten.

Aber keiner von ihnen wusste, wie man es anstellen sollte.

Der Minotaurus war immer auf der Hut. Und er war sehr stark und sehr gefährlich. Das Fell, das seinen Körper bedeckte, schützte ihn wie ein Schutzschild. Pfeile und Speere konnten ihm nichts anhaben. Zehn Soldaten, die ihn einmal nachts umkreisen und töten wollten, nahm er einen nach dem anderen auf seine Hörner. Dann zertrampelte er sie.

In den nächsten Tagen fraß er sie alle auf. Dann brüllte er laut: »Schick mir noch mehr Soldaten, Vater, damit ich wieder Menschen fressen kann! Die schmecken gut!«

Wie sollte man ihn töten? Vielleicht, indem man den Stall von allen Seiten anzündete?

Die Königin war dagegen. Ungeheuer hin oder her – der Minotaurus war ihr Kind.

Die höchsten Priester Kretas beschlossen, die Götter zu befragen. Schließlich hatten die Götter bei dieser Sache ihre Hand im Spiel gehabt. Also sollten sie nun auch sagen, was zu tun sei.

Die Priester befragten also die Götter. Dann kamen sie in den Palast zu König Minos und sagten: »Wir sind alle einer Meinung. Töten dürfen wir den Minotaurus nicht! Die Götter sind dagegen. Sonst würde ein Fluch über Kreta kommen, der Pest, Unglück, Tod und Hunger bringt. Der Minotaurus soll weiterleben, bis die Götter sein Schicksal entscheiden.«

Daraufhin bestellte König Minos Daidalos zu sich: »Meister, ich brauche einen unterirdischen Stall. Der Minotaurus muss verschwinden. Kein menschliches Auge darf ihn erblicken. Verstehst du mich?«
»Ja, Herr!«, sagte Daidalos.
»Ich will ihn nicht mehr sehen!«, rief Minos.
Daidalos nickte. »Verstehe, Herr!«
»Nimm so viele Arbeiter und Sklaven, wie du brauchst. Scheu keine Kosten«, sagte Minos zu Daidalos. »Ich will, dass das Ungeheuer nicht mehr zu sehen und zu hören ist. Du musst den Stall so bauen, dass keiner, der einmal hineingeht, jemals wieder herausfindet.«
»Kein Problem, Minos«, versicherte Daidalos. »Es wird ein Bauwerk, das die Welt noch nicht gesehen hat.«

Daidalos ging in sein Zimmer, nahm viele Rollen Pergament und begann zu überlegen und zu zeichnen. So eine große, ungewöhnliche Aufgabe hatte er sich schon immer gewünscht. Der König ließ ihm freie Hand und gab ihm Tausende von Sklaven und Arbeitern, um etwas Großartiges zu schaffen. Einen Bau, den die Welt noch nicht gesehen hatte. Er war glücklich!
Daidalos brauchte seine ganze Fantasie, um die Pläne zu zeichnen.
Das war kein Problem, denn Fantasie hatte er genug.
Es vergingen mehrere Wochen, bis er mit den Plänen fertig war. Am Ende war Daidalos sehr zufrieden.
Der Bau sollte nur einen einzigen Eingang haben, von dem aus ein Weg in vielen Windungen nach einigen hundert Metern in einen runden Raum führte. Dieser runde Raum sollte nicht nur einen, sondern Dut-

zende Ausgänge haben. Es gab also jede Menge Irrwege. Selbst wenn man den Ausgang wählte, durch den man hereingekommen war, war es unmöglich, den Weg zurück zu finden, weil der richtige Weg sich auf dem Rückweg immer wieder in mehrere Wege teilte. Außer einem waren alle Irrwege. Man drehte sich im Kreis.

Einem Irrweg folgte ein anderer Irrweg, der in einer Sackgasse endete. Lief man zurück, fand man einen neuen Weg, der wieder ein Irrweg war und sich plötzlich in mehrere Wege teilte. Es gab unzählige Irrwege, die sich immer wieder und wieder teilten und kreuzten. So war es unmöglich, den richtigen Weg aus dem Bauwerk zu finden.

Tausende Arbeiter und Sklaven begannen unter Daidalos' Anleitung, diesen unglaublichen unterirdischen Bau zu errichten.
Daidalos wählte für den Stall einen großen, sehr breiten Hügel aus. Wie Maulwürfe verschwanden die Arbeiter unter der Erde.
Immer länger und länger wurden die Gänge, die mit gleichmäßigen weißen Steinen gemauert wurden. Daidalos entwickelte ein System mit

schwarzen und weißen Pfeilen, die den Arbeitern den einzigen Weg nach draußen zeigten. Als der Bau fertig war, ging Daidalos hinein und entfernte die Pfeile.

Damit war eines des größten und berühmtesten Bauwerke der Welt fertig: das Labyrinth.

In der Mitte des Labyrinths lag, wie geplant, ein großer, runder Raum, der Stall. Er wurde mit einer Schlafnische und Heu ausgestattet. Durch diesen Stall floss ein unterirdischer Bach mit Trinkwasser und ein zweiter, um den Kot des Ungeheuers wegzuspülen. Ein breiter Schacht brachte Luft und Tageslicht in den Raum. Er war gleichzeitig der Versorgungsschacht.

Dem Minotaurus sollte es an nichts fehlen.

Nachdem Daidalos die Orientierungszeichen entfernt hatte, konnte sich kein lebendiges Wesen, kein Mensch und kein Tier, in dem Labyrinth mit seinen Hunderten von Irrwegen mehr zurechtfinden. Keiner, der es einmal betreten hatte, würde es je wieder verlassen können.

Auch der Minotaurus nicht.

Einmal drin, fand das Ungeheuer schnell seinen Stall und war zufrieden. Hier war von nun an sein Reich. Jede Woche warf man dem Minotaurus ein Kalb durch den Versorgungsschacht. Er wartete unten und fleschte die Zähne. Doch eines Tages verlangte er nach einem Menschen.

»Ich will Menschenfleisch, weil ich ein göttliches Wesen bin!«, brüllte er. »Jedes Mal, wenn der Mond voll ist, will ich Menschenfleisch haben. Ihr müsst mir Menschen als Opfergaben bringen! Sonst werde ich Unglück über Kreta bringen! Ich habe göttliche Kräfte! Ich kann euch zerstören!«

Sein schreckliches Gebrüll fand kein Ende. Viele zitterten vor Angst. Schließlich gab man ihm Sklaven als Menschenopfer, obwohl es alle schrecklich fanden.

König Minos beschloss, die Menschen, die der Minotaurus fressen wollte, nicht auf Kreta, sondern woanders zu suchen. Minos ließ Athen besetzen und drohte, die Stadt dem Erdboden gleichzumachen, wenn die Athener nicht zustimmten, ihm einen Tribut zu zahlen: Jedes Jahr sollten sie ihm sieben junge Männer und sieben junge Frauen als Opfer für den Minotaurus geben.

In dieser Zeit war Athen von der Pest heimgesucht worden und konnte sich nicht wehren.

Die besiegten Athener mussten wohl oder übel zustimmen.

Die Opfer wurden per Los ausgewählt. Seit dieser Zeit verließ jedes Jahr ein Schiff mit schwarzen Segeln den Hafen von Athen; das Schiff wurde von einer weinenden Menschenmenge verabschiedet – es brachte die Opfer für den Minotaurus nach Kreta.

Theseus und der Faden der Ariadne

Zwei Mal hatte Athen bereits Menschenopfer für den Minotaurus entrichtet. Zwei Mal war ein Schiff mit schwarzen Segeln – als Zeichen der Trauer – von Athen nach Kreta gefahren, um vierzehn junge Männer und Frauen als Opfer für den Minotaurus zu schicken.

Das Schiff sollte gerade zum dritten Mal nach Kreta fahren, als ein junger Mann nach Athen kam. Es war der tapfere Theseus, ein Sohn von Poseidon, der schon viele Heldentaten vollbracht hatte. Theseus sah die weinenden Eltern, die unglücklichen jungen Männer und Frauen, die das schreckliche Todeslos gezogen hatten, und sagte: »So geht es nicht weiter! Ihr sollt diesen schrecklichen Tribut nicht weiter entrichten! Ich werde mit König Minos sprechen, und wenn es sein muss, töte ich den Minotaurus! Ich fahre mit euch mit!«

Der König von Athen, Aigeus, für den der junge Theseus wie ein eigener Sohn war und dem er später seinen Thron überlassen wollte, war bestürzt. Aber Aigeus hielt Theseus nicht zurück.

»Fahre, mein Sohn«, sagte er. »Die Götter werden dir helfen. Und wenn du wirklich Erfolg hast, wenn du den Minotaurus getötet hast und diese jungen Frauen und Männer gesund zurückbringst, dann tausche bitte das schwarze Segel aus. Hisse stattdessen ein rotes Segel, damit wir uns

alle freuen können, wenn wir das Schiff von Weitem kommen sehen.«
Er überreichte Theseus einen Seemannssack, in dem sich ein rotes Segel befand.

König Minos von Kreta pflegte jedes Jahr das Schiff mit den Opfern aus Athen selbst in Empfang zu nehmen. Die jungen Frauen und Männer mussten sich zu beiden Seiten des Schiffes aufstellen, damit der König sie betrachten und zählen konnte. So zählte Minos auch diesmal die Opfer und rief überrascht: »Oh! Ihr seid dieses Jahr aber mehr! Will König Aigeus mir etwa ein Geschenk machen?«

Theseus antwortete: »Wir sind mehr, weil ich mit dir reden möchte, König Minos! Ich habe diese jungen Leute zu dir gebracht, um dir zu zeigen, dass die Athener ihren Verpflichtungen nachkommen. Aber ich bin nicht bereit, sie deinem Ungeheuer zum Fraß vorzuwerfen!«
»Wer bist du?«, fragte König Minos.
»Ich bin Theseus, Poseidons Sohn. Ich bin bereit, ins Labyrinth zu gehen und mit dem Minotaurus von Kreta zu kämpfen.«
»Du armer Irrer!«, rief Minos. »Weißt du nicht, dass jeder, der in das Labyrinth hineingeht, sich darin hoffnungslos verirrt und den Weg zurück niemals findet? Das sage ich, König Minos, dir. Ich bin Zeus' Sohn!«
»Du bist kein Sohn von Zeus, Minos. Ein Sohn von Zeus könnte nicht so grausam sein«, sagte Theseus.
»Natürlich bin ich Zeus' Sohn!«, rief Minos wütend.
»Beweise es!«, forderte Theseus den König auf.
»Gut! Ich werde es dir beweisen, Theseus!«, sagte der König.
Vor Wut zitternd, hob Minos seine Hände zum Himmel empor und rief mit donnernder Stimme: »Vater Zeus, beweise, dass ich dein Sohn bin! Vater Zeus, hörst du mich? Beweise, dass ich dein Sohn bin! Ich bitte dich, Vater!«
Der Himmel war wolkenlos. Doch plötzlich donnerte es gewaltig. Ein Blitz kam aus dem wolkenlosen Himmel und schlug im Wasser zwischen den beiden Schiffen ein. Dann noch einer. Und noch einer. Dann wurde es wieder still.
Minos strahlte und schrie: »Hast du das gesehen, du Grünschnabel? Hast du es gehört? Das war mein Vater, der zu mir steht. Leg dich nicht mit

mir an. Ich bin grausam, aber ich bin Zeus' Sohn! Und jetzt bist du an der Reihe. Beweise, dass du Poseidons Sohn bist. Hier! Spring ins Wasser und bring mir meinen Ring zurück!«

Minos nahm einen goldenen Ring von seinem Finger und warf ihn ins Meer.

Theseus sprang, ohne zu zögern und ohne ein Wort zu sagen, in die Tiefe. Das Meer verschluckte ihn. Alle warteten gebannt, was jetzt geschehen würde.

Die Zeit verging: eine Minute, zwei Minuten, fünf Minuten, zehn Minuten. Aber Theseus kam nicht zurück.

Minos lachte und rief: »Ertrunken ist er, der arme Irre. Wir brauchen gar nicht mehr länger zu warten. Er ist bestimmt schon bei Hades, in der Unterwelt.«

Doch plötzlich sahen alle, wie sich das Wasser bewegte und seltsam funkelte.

Theseus kam, auf einem Delfin sitzend, aus dem Meer. Eine große Welle brachte ihn zurück an Bord des Schiffes.

Er trug einen Kranz aus goldenen Rosenblüten und Edelsteinen auf seinem Kopf – ein Geschenk von Poseidons Frau, der Meeresgöttin Amphitrite.

Jetzt war Minos sprachlos. Schweigend begleitete er die jungen Athener in seinen Palast.

Dort zog sich König Minos in seine Gemächer zurück. Seine Tochter Ariadne blieb bei den jungen Athenern, die ihr sehr leidtaten.

Warum sollten sie sterben, fragte sie sich, warum?

Dann geschah etwas, womit keiner gerechnet hatte. Ariadne verliebte sich Hals über Kopf in Theseus. Sie vergaß, dass sie dem Weingott Dionysos versprochen war und sogar mit ihm verlobt war.

Die Liebe zwischen Ariadne und Theseus kam nicht von ungefähr. Sie war kein Wunder. Aphrodite, die Göttin der Liebe, hatte ihre Hand im Spiel. Aphrodite wollte die Athener retten.

Um Mitternacht, als König Minos schlief, schlich die Königstochter zu Theseus.

»Geliebter«, sagte sie, »ich glaube, ich weiß, wie wir diese jungen Menschen retten können. Ich weiß einen Ausweg. Meister Daidalos wird uns helfen. Er ist der Einzige, der das Labyrinth genau kennt! Wir sollten jetzt beide zu ihm gehen. Er weiß sicher einen Weg, wie du den Minotaurus töten kannst. Und er hasst meinen Vater, weil er ihn hier festhält und ihm nicht erlaubt, nach Athen zurückzukehren. Das Labyrinth gilt als Weltwunder. Mein Vater will nicht, dass Daidalos irgendwo ein zweites Weltwunder schafft. Um ihn hier zu halten, hat er ihm vor vielen Jahren seine schönste Sklavin zur Frau gegeben. Sie ist aber bei der Geburt ihres Sohnes Ikaros gestorben. Seitdem lebt der Meister allein mit dem kleinen Ikaros wie in einem Gefängnis. Wachen stehen vor seinem Haus. Gehen wir zu ihm!«

»Aber – die Wachen?«, sagte Theseus.

»Ich bin die Tochter des Königs. Und du bist mein Begleiter. Keiner wird uns aufhalten«, versicherte Ariadne.

In Daidalos' Haus brannte Licht. Der Meister arbeitete, wie so oft, mitten in der Nacht. Er polierte in seiner Werkstatt eine neue Statue.

Daidalos freute sich über den unerwarteten Besuch.

»Bist du nicht Theseus, Poseidons Sohn und der Pflegesohn von König Aigeus?«, fragte Daidalos.

»Ja, der bin ich!«, antwortete Theseus.

»Hast du nicht Periphetes, den schrecklichen Sohn von Hephaistos, vor Jahren getötet?«, fragte Daidalos weiter.

»Das stimmt. Ich tat es, weil er eine Plage war. Er hatte Hunderte von Menschen mit seiner bronzenen Keule getötet. Deshalb wurde er auch Knüppler genannt. Ich habe Periphetes getötet. Und seitdem habe ich seine bronzene Keule bei mir.«

Und Theseus zeigte die riesengroße Keule, die er immer bei sich trug.

»Junger Held«, sagte Daidalos, »ich ahne schon, warum ihr beide hier seid. Ich habe euch im Traum gesehen. Das, was ihr vorhabt, soll geschehen. Es ist Zeit, dem Stier von Kreta ein Ende zu bereiten.«

»Aber – wie?«, fragte Ariadne besorgt. »Man sagt, kein Schwert und kein Speer könne sein Fell durchbohren.«

»Das stimmt. Der Minotaurus ist unverletzbar, aber er ist nicht unsterblich«, erklärte Daidalos.

»Ich werde ihn erwürgen oder erschlagen!«, sagte Theseus.

»Warte, mein Sohn. Lass uns alle zusammen überlegen. Drei Köpfe sind besser als einer.«

Daidalos, Theseus und Ariadne dachten nach. Nach kurzer Zeit brach Daidalos das Schweigen und sagte: »Ich hab's. Der Minotaurus ist halb Mensch, halb Stier. Und wie jeder Stier hat er eine große Schwäche: Er wird blind vor Wut, wenn er Rot sieht! Dann vergisst er alles andere um sich herum und greift das Rote an. Du brauchst also nur ein rotes Tuch vor ihn zu halten, und er wird nicht dich, sondern das Tuch angreifen.«

»Verstehe!«, sagte Theseus und nickte. »Und dann schlage ich mit der Keule auf seinen Rücken und töte ihn! Aber wie komme ich zurück? Ich habe gehört, dass die Wege im Labyrinth so verwirrend sind, dass keiner, der einmal drin ist, je wieder hinausfindet.«

»Das stimmt«, bestätigte Daidalos. »Aber es gibt auch hierfür eine Lösung.«

»Und die wäre?«, fragte Theseus gespannt.

»Du wirst den Weg zurück finden, wenn du ein Garnknäuel mitnimmst«, sagte Daidalos. »Ariadne soll das eine Ende des Garnknäuels festhalten und am Eingang des Labyrinths auf dich warten. Du läufst mit dem Garnknäuel in das Labyrinth. Wenn du später wieder hinauswillst, musst du nur dem Garn folgen.«

Und genau so machten sie es.

Daidalos gab Theseus ein rotes Tuch und Ariadne ein riesiges Garnknäuel und wünschte ihnen viel Erfolg. »Die Götter sollen euch beistehen!«, sagte er zum Abschied.

Am Eingang des Labyrinths angekommen, sagte Ariadne: »Ich bleibe hier und halte das eine Ende, mein Geliebter. Geh vorsichtig hinein und wickle das Knäuel dabei ab. Ich werde warten und die Götter bitten, dass alles gut geht! Wenn der Kampf zu Ende ist, folge einfach dem Faden. Dann kommst du wieder hierher, in meine Arme!«

Sie küssten sich, Theseus nahm das rote Tuch und das riesige Garnknäuel in eine Hand, die bronzene Keule in die andere, und mit den Worten »Vater Poseidon, hilf mir, bitte!« betrat er das Labyrinth.
Der Kranz auf seinem Kopf warf ein blaues Licht, und er konnte den Weg gut erkennen.
Er wickelte das Garn immer weiter ab, bis er in den runden Raum kam, in dem der Minotaurus schlief.
Kaum hatte Theseus den Raum betreten, witterte das Ungeheuer ihn und sprang auf. Es sah das rote Tuch, das Theseus schwenkte, und fing schrecklich an zu brüllen. Dann stürzte sich der Minotaurus auf das Tuch.

Theseus ließ das rote Tuch auf den Boden fallen und sprang schnell zur Seite.

Während das Ungeheuer mit dem Tuch beschäftigt war, schlug Theseus mit aller Kraft die schwere Bronzekeule auf den Rücken des Minotaurus.

Mit gebrochenem Rückgrat fiel das Ungeheuer hilflos zu Boden.

Es war auf der Stelle tot.

Jetzt brauchte Theseus sich nur umzudrehen und Ariadnes Faden zu folgen. Dabei wickelte er das Garnknäuel langsam wieder auf.

So kam er zum Ausgang, wo Ariadne ihn mit offenen Armen empfing.

Jetzt wollten Theseus und Ariadne Kreta sofort verlassen.

Ariadne hatte Angst, und das zu Recht: »Mein Vater wird uns mit seinen Schiffen verfolgen. Er wird mich zurückholen! Ich bin Dionysos versprochen! Dionysos wird meinem Vater helfen!«

Sie gingen zu Daidalos, um sich zu verabschieden. Er sagte: »Dein Vater, Ariadne, wird dich nur verfolgen, wenn die Schiffe seetüchtig sind. Aber jetzt ist noch Nacht. Ihr könnt jedem Schiff ein Loch in den Bug schlagen. Dann wird es lange dauern, bis die Schiffe repariert sind.«

»Danke, Daidalos. Du hast uns gerettet!«, sagte Ariadne.

Theseus lief zum Hafen und schlug Löcher in Minos' Schiffe.

Ariadne weckte die jungen Athener. Als sie ihnen erzählte, dass der Minotaurus tot sei, konnten die Armen ihr Glück gar nicht fassen.

Sie waren gerettet

Dann segelten sie nach Athen zurück.

Alle waren so glücklich, dass sie vergaßen, das schwarze Segel durch das rote Segel auszutauschen.

Das war ein großer Fehler.

König Aigeus, der Tag und Nacht von seiner Burg aus Ausschau nach dem Schiff gehalten hatte, sah es nun mit schwarzen Segeln zurückkommen.

»Oh, großer Zeus, sie sind alle tot!«, rief er verzweifelt und stürzte sich in die Tiefe.

So wurde Theseus, sein Pflegesohn, König von Athen. Er wurde ein sehr guter König.

Aber was geschah mit Ariadne?

Sie heiratete den Gott Dionysos, dem sie versprochen war. Einem Gott kann man nämlich die Verlobte nicht wegnehmen.

Das berühmte Garnknäuel, der so genannte Faden der Ariadne, ist heute in einem griechischen Museum ausgestellt.

Daidalos und Ikaros

Man kann sich die Wut von König Minos vorstellen, als er erfuhr, dass Theseus den Minotaurus getötet hatte und mit seiner Tochter Ariadne auf dem Weg nach Athen war.

»Wir holen sie ein!«, rief er und stürzte, von seinen Soldaten gefolgt, zum Hafen. Dort sah er, dass alle seine Schiffe ein Loch im Bug hatten, und begriff, dass eine Verfolgung unmöglich war.

Königin Pasiphae war untröstlich: Der Minotaurus, ihr Kind, war tot.

Die Wachen vor Daidalos' Haus berichteten, dass Ariadne und Theseus Meister Daidalos um Mitternacht besucht hatten.

Minos verstand sofort: Daidalos hatte den beiden geholfen. Er hatte Theseus verraten, wie er den Weg aus dem Labyrinth finden konnte.

»Her mit dem Verräter!«, rief König Minos.

Die Wachen brachten Daidalos zu ihm.

»Dafür werde ich dich bestrafen! Ab heute wirst du in einer Festung, hoch oben auf den Bergen von Kreta, leben, aber nicht als mein Maler und Hofbildhauer, sondern als mein Gefangener. Du wirst genug Marmorblöcke haben, um neue Statuen für mich zu schaffen. Du darfst keine lebendige Seele mehr sehen. Der einzige Mensch, den du mitnehmen darfst, ist dein Sohn Ikaros! Und nun geh!«

So wurde Daidalos Gefangener in einer Festung, die in den Bergen von Kreta versteckt war.

Er war zu Arbeit und Einsamkeit verurteilt.

Überall lauerten unsichtbare Wachen. Alle hatten den Befehl, nicht mit Daidalos zu sprechen. Wie stumme Geister schleppten sie Marmorblöcke und holten die fertigen Statuen ab, brachten Essen und Wasser und alles, was die Gefangenen brauchten.

So vergingen Jahre.

Hoch oben aus einem Turm konnten Daidalos und Ikaros das Meer sehen.

Das Meer – das war die Freiheit.

Eines Tages, als beide von dem Turm aus das Meer und die Seemöwen beobachteten, sagte Daidalos zu Ikaros: »Ich habe eine Idee. Es gibt doch einen Weg, mein Sohn, diesen verdammten Ort hier zu verlassen. Sieh dir nur die Möwen an.«

Ikaros sah seinen Vater fragend an. »Sie haben Flügel, Vater. Wir nicht.«
»Aber wir können uns Flügel bauen«, sagte Daidalos.
»Meinst du, wir werden dann fliegen können?«, rief Ikaros aufgeregt.
»Ja, warum nicht?!«, antwortete sein Vater. »Die Möwen haben keine Hände, sie haben Flügel. Wir haben Hände. Aber wir können die Hände wie Flügel bewegen, genau so wie die Möwen. Wir müssen uns Flügel bauen.«
»Glaubst du, du kannst das?«, fragte Ikaros.
»Ich kann es versuchen, Ikaros, wir haben nichts zu verlieren.«
»Dann versuch es, Vater!«
»Natürlich müssen unsere Flügel viel größer und mächtiger sein als die Flügel einer Möwe oder eines Adlers, weil wir schwerer sind«, erklärte Daidalos. »Aber wenn die Flügel groß genug sind, dann müsste es klappen.«
»Vater, es wäre toll, wenn wir fliehen könnten!«
»Wir werden fliehen. Und wir werden fliegen, mein Sohn. Wir werden die ersten fliegenden Menschen der Welt sein! Du wirst sehen!«

Am nächsten Tag begann Daidalos, Vogelfallen aufzustellen. Denn er brauchte Federn, sehr viele Federn. An den toten Vögeln konnte er auch studieren, wie ihre Flügel gebaut waren und wie dicht die Federn gewachsen waren.
Daidalos zeichnete sie, veränderte und verbesserte seine Pläne.
Nach einigen Monaten hatte er zwei Paar Flügel gebaut. Ein Paar große für sich und ein Paar kleinere für Ikaros.
Dann begannen beide, heimlich das Fliegen zu üben.

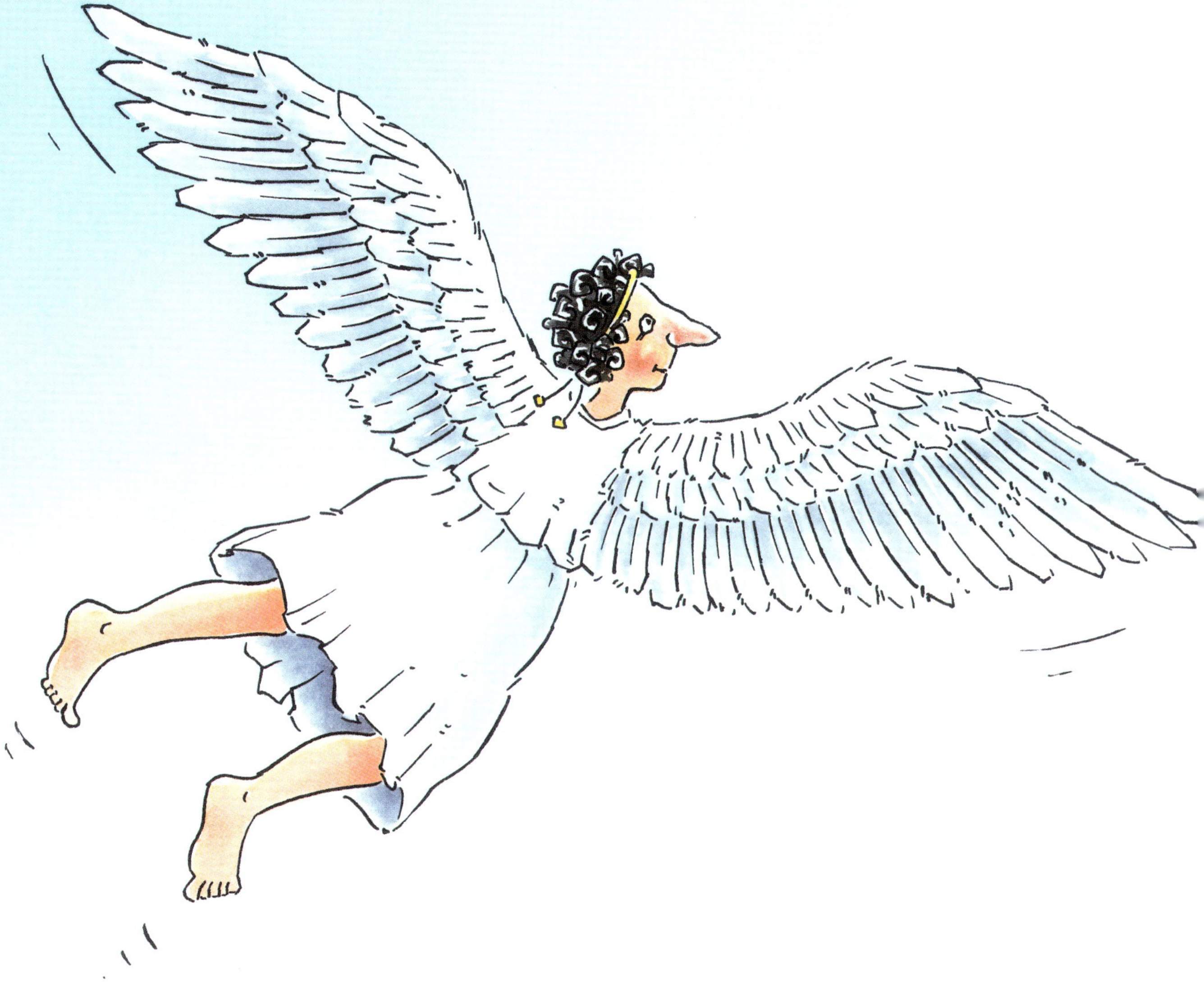

Es war ein herrlicher Sommertag, als Daidalos zu Ikaros sagte: »Mein Sohn, es ist so weit! Heute fliegen wir in die Freiheit.«

Sie kletterten auf den Turm, befestigten ihre Flügel, breiteten sie aus und stürzten sich in die Tiefe – und sie flogen tatsächlich! Wie zwei riesige Vögel flogen sie davon.

Die Wachen, die Daidalos und Ikaros plötzlich am Himmel sahen, trauten ihren Augen nicht. Einer rief: »Seht nur! Am Himmel fliegen zwei Götter!«

Ein anderer sagte: »Es sind keine Götter, du Dummkopf!«

»Doch! Zwei Götter! Zwei Götter! Siehst du sie nicht? Zwei Götter mit weißen Flügeln!«

»Es sind unsere Gefangenen! Daidalos und Ikaros! Bist du blind?!«

»Oh, Zeus! Die beiden sind Vögel geworden. Wie ist das möglich?«

»Das frage ich mich auch!«

»Schnell, wir müssen den König benachrichtigen!«

Hoch oben in der Luft rief Daidalos zu Ikaros: »Bleib neben mir, mein Sohn. Bleib neben mir!«

»Vater, es ist so wunderschön zu fliegen«, rief Ikaros begeistert. »Komm mit mir. Ich möchte nach unten und über das Wasser fliegen wie eine Möwe.«

»Nein, das darfst du nicht«, warnte Daidalos seinen Sohn. »Sonst werden deine Federn nass und schwer, und du stürzt ab.«

»Warum werden die Möwen nicht nass?«, fragte Ikaros. »Sieh, wie sie mit dem Wasser spielen! Warum stürzen sie nicht ab?«

»Weil ihre Federn lebendig sind«, antwortete sein Vater. »Sie haben eine natürliche Fettschicht. Unsere Federn sind tot. Sie werden sofort nass und schwer!«

Ikaros überlegte einen Moment. Dann sagte er: »Gut, dann werde ich eben nach oben fliegen! Ganz hoch! Wie ein Adler! Ich werde bis zur Sonne fliegen!«

»Nein!«, rief Daidalos. »Bleib neben mir! Hast du gehört! Neben mir!«

»Warum darf ich nicht hoch fliegen?« Ikaros war unzufrieden.

»Weil es in der Nähe der Sonne sehr heiß ist. Unsere Federn sind mit Wachs befestigt. Wenn das Wachs weich wird, fallen die Federn aus. Dann stürzt du ab!«, erklärte Daidalos.

»Keine Angst. Ich passe auf, Vater!«, rief Ikaros.
»Bleib bei mir, Ikaros!«
»Nein, neben dir ist mir langweilig!«
Mit mächtigen Schlägen seiner Flügel flog Ikaros immer höher und höher.
Daidalos rief hinter ihm her: »Nicht so hoch, mein Sohn! Nicht so hoch!« Doch es nützte nichts. Ikaros war nicht zur Vernunft zu bringen. Er war wie von Sinnen.
In seinem Flugrausch flog er immer höher und höher. Und höher und höher. Bis er in den Wolken verschwand. Als er der Sonne näher kam, schmolz das Bienenwachs, wie es sein Vater gesagt hatte. Ikaros verlor seine Federn, und er fiel wie ein Stein nach unten. Um ihn herum wirbelten Tausende weißer Federn.
Ikaros stürzte kopfüber ins Meer und ertrank. Sein Vater konnte ihm nicht helfen.
Daidalos flog weiter, bis er die nächste Insel erreichte. Mit einem Fischerboot kam er zurück, fand den toten Ikaros und bestattete ihn.
Die Insel, auf der Ikaros beerdigt wurde, heißt heute Ikaria. Das Meer, in das Ikaros gestürzt war, nennt man auch Ikarisches Meer.

Sisyphos

In der Zeit, als die Götter auf dem Olymp wohnten, lebte in Griechenland der mächtige König Sisyphos. Die Leute sagten, er sei stärker als zwei Bullen und schlauer als hundert Füchse.
Sisyphos war der König von Korinth.
Sisyphos trank mit Vorliebe Ouzo, einen berühmten griechischen Schnaps. Wenn er Schnaps getrunken hatte, prahlte er gern. Dann war er ein richtiger Angeber. Doch diese Prahlerei wurde ihm zum Verhängnis. Und das kam so:
Eines Abends während eines Fests erhob sich Sisyphos mit einem Glas Ouzo in der Hand und verkündete: »Freunde, ich fühle mich so stark und so mächtig, dass ich mich mit Zeus anlegen könnte. Darauf trinke ich! Prost!«
Alle riefen: »Hurra! Hoch lebe König Sisyphos!«
Doch wie es der Zufall wollte, hörte Zeus auf dem Olymp Sisyphos' Worte. Und Zeus war darüber sehr empört: »Götter, habt ihr das gehört? Was für einen Unsinn redet dieser Königswurm da unten? Soll ich ihn jetzt gleich mit einem Blitz in ein Häufchen Asche verwandeln?«
»Vater Zeus, verschwende deine Blitze nicht! Schicke ihm einfach den Tod!«, riefen einige Götter.

»Ihr habt recht. Einen Blitz ist er gar nicht wert. Ich schicke ihm morgen früh den Tod! Tod, hast du mich gehört?«

Vom anderen Ende der Erde kam zum Olymp die dünne Stimme des Todes: »Ja, Vater Zeus, morgen in der Früh muss König Sisyphos von Korinth sterben.«

»Genau! Und dass du es nicht vergisst«, donnerte Zeus.

»Nein, Vater Zeus, ich vergesse deine Befehle nie.«

Thanatos, der Gott des Todes, war ein drei Meter großes, schwarzes Gerippe, mit leuchtenden roten Augen und einer silbernen Sense in der Hand. Eine schwarze Ledertasche hing über seiner Schulter.

Thanatos sah so schrecklich aus, dass alle Menschen, die ihn sahen, in Ohnmacht fielen. Thanatos brauchte dann nur noch die Seelen aus den ohnmächtigen Körpern zu holen. Er steckte sie sofort in seine schwarze Tasche.

Abends brachte er die Seelen in die Unterwelt, wo Zeus' Bruder, der Gott Hades, herrschte.

Am nächsten Morgen suchte Thanatos, wie von Zeus befohlen, Sisyphos auf, der gerade frühstückte. Das schreckliche schwarze Gerippe stand plötzlich vor ihm. Die Augen leuchteten unheimlich. Es wackelte bedrohlich mit der Silbersense.

Jetzt wird er in Ohnmacht fallen, dachte Thanatos, der Tod. Fall endlich hin, Sisyphos! Ich muss deine Seele holen. Ich habe nicht viel Zeit!

Aber Sisyphos fiel nicht in Ohnmacht. Stattdessen brüllte er: »Wer bist du denn? Wer hat dich hier reingelassen? Siehst du nicht, dass ich frühstücke? Raus aus meinem Haus!«

Da staunte Thanatos und sagte: »Erkennst du mich nicht? Ich bin dein Tod!«

Sisyphos lachte. »Das kann ja jeder sagen!«

»Ich bin Thanatos!« Langsam wurde der Tod wütend.

»Du hast dich aber nicht angemeldet!« Sisyphos blieb ganz ruhig und war weit davon entfernt, in Ohnmacht zu fallen. »Zu mir kommt niemand unangemeldet! Raus, habe ich gesagt!«

»Ich komme immer unangemeldet!«, rief Thanatos. »Deine letzte Stunde hat geschlagen! Du stirbst jetzt!«

»Warum gerade jetzt?«, fragte Sisyphos. »Ich habe noch viel zu tun.«

»Frag nicht! Hast du denn keine Angst vor mir?« Thanatos' Stimme wurde immer lauter.

»Mein lieber Thanatos, jeder Mensch stirbt irgendwann. Nach hundert Jahren ist es egal, wer wie lange gelebt hat. Ich habe mich nur gewundert, dass du unangemeldet und so plötzlich vor mir stehst.«

»Du hast Zeus beleidigt, Sisyphos. Die Strafe ist dein Tod.«

»Dann ist wohl nichts dagegen zu machen«, stellte Sisyphos fest. »Aber ich schlage vor, wir trinken vor der Reise noch einen Ouzo zusammen.«

»Ouzo? Was ist das denn?«, wollte Thanatos wissen.

»Du kennst unseren berühmten Anisschnaps nicht? Seit wie vielen Jahren bist du auf der Erde?«, fragte Sisyphos den Tod.

»Das weiß ich nicht. Ich war schon immer hier! Wir, die Götter, sind einfach da.«

»Und du hast noch nie Ouzo getrunken?«

»Nein! Nie! Du bist der Erste, der mich dazu einlädt. Alle fallen in Ohnmacht, sobald sie mich sehen«, sagte Thanatos.

»Dann musst du ihn jetzt unbedingt probieren! Du wirst mir ewig dafür dankbar sein! Nur ein Gläschen!« Sisyphos klatschte in die Hände: »Diener, bringt mir vier Flaschen Ouzo!«

Kurz darauf kamen die Diener mit vier Flaschen Ouzo angelaufen. Als sie den Tod sahen, fielen sie alle – einer nach dem anderen – in Ohnmacht. Der Teppich war, Zeus sei Dank, dick und weich. Die Flaschen blieben ganz.

Sisyphos öffnete die erste Flasche, nahm zwei Gläser und goss sie voll. »Nimm, Brüderchen, nur ein Gläschen für unterwegs. Zum Wohl! Was sagst du jetzt?«

Thanatos, der Tod, war begeistert. »Das Zeug schmeckt gut! Ich könnte noch ein Gläschen vertragen.«

»Gern!«, rief Sisyphos. »Zeit haben wir genug … und Ouzo auch … kein Grund zur Eile. Oder hast du heute noch viel zu tun?«

Thanatos lächelte. »Ich habe immer viel zu tun, aber heute werde ich mir eine Pause gönnen.«

Nach dem zweiten Glas sagte Thanatos: »Das Zeug ist köstlich! Das werde ich auch Zeus sagen. Schenk mir noch ein Glas ein!«

Und danach tranken Thanatos und Sisyphos noch ein Glas.

Und noch eins. Und noch eins.

Und so weiter und so weiter.

Sisyphos war ein großer Trinker. Thanatos aber nicht. Nach der dritten leeren Flasche fiel der Tod auf den Teppich und schlief glücklich ein.

Genau darauf hatte Sisyphos gewartet. Er sprang auf und rief: »Diener, schnell, ich brauche Hilfe!«

Die Diener kamen, sahen den Tod und fielen in Ohnmacht.

Sisyphos ließ seine ohnmächtigen Diener liegen und holte eine Eisenkette, mit der er Thanatos fesselte. Er schnürte ihn fest wie ein Paket: von oben bis unten. Dann stopfte er ihm Watte in den Mund. Er packte den gefesselten Tod, schleppte ihn in den Keller und sperrte ihn in ein Verlies.

Auf der Erde begannen glückliche Zeiten: Kein Mensch starb mehr. Der Tod war verschwunden. Die Ärzte freuten sich. Die Henker waren verzweifelt. Die Gehenkten schaukelten an den Galgen und schnitten Grimassen. Und die Schaulustigen lachten darüber.

Als Zeus nach hundert Jahren wieder einmal vom Olymp auf die Erde sah, staunte er: »Was ist denn auf der Erde los? Sie ist ja übervölkert! Wo ist Thanatos? Warum tut er seine Arbeit nicht?«
Alle Götter begannen Thanatos zu suchen. Sie riefen: »Tod, wo bist du?«, »Thanatos, Zeus ruft dich!«, »Tod, melde dich sofort bei Zeus!« Doch Thanatos meldete sich nicht – er war nirgends zu finden.

Schließlich fragte Zeus Apollon, den Gott, der alles wusste. »Apollon, mein Sohn, wo steckt Thanatos? Die ganze Erde haben wir nach ihm abgesucht, aber er ist einfach nirgends zu finden. Wo ist er? Warum tut er seine Arbeit nicht?«

»Warte, ich muss mich konzentrieren, Vater«, sagte Apollon. »Ja, jetzt sehe ich ihn! Er liegt mit einer Eisenkette gefesselt in einem Verlies im Keller des Palastes von König Sisyphos! Sein Mund ist mit Watte vollgestopft! Er kann keinen Mucks von sich geben. Er rollt nur wütend mit seinen Augen.«

Zeus erinnerte sich: »Ich habe ihn vor hundert Jahren zu König Sisyphos geschickt. Er sollte seine Seele holen.«

Zeus rief sofort Ares, den Gott des Krieges, zu sich: »Ares, flieg nach Korinth und befreie Thanatos!«

Kurz darauf war Thanatos wieder frei. Dann stand er plötzlich vor Sisyphos, und ohne ein Wort holte Thanatos seine Seele und brachte sie sofort zu Hades in die Unterwelt. »Das ist die Seele von Sisyphos, dem König von Korinth. Pass gut auf sie auf, Hades! Sisyphos hält sich nämlich für superschlau!«

Hades war es gewöhnt, für jede Seele Opfergaben zu bekommen. Für eine Königsseele erwartete er besonders viele Gaben.

Er wartete und wartete. Doch aus Korinth kamen keine Opfergaben für Sisyphos.

Nach einer Woche wurde Hades unruhig.

Er schickte zwei Boten, zwei dunkle Schatten, nach Korinth: »Geht in den Palast des Sisyphos und seht nach, was dort los ist. Warum gibt es kein Begräbnis und keine Opfergaben?«

Die beiden Schatten flogen nach Korinth. Kurz darauf kamen sie zurück und sagten: »Hades, im Palast in Korinth ist alles wie immer!«
»Was heißt das?«, fragte Hades.
»Der tote König sitzt auf seinem Thron im Thronzimmer, genau dort, wo er gestorben ist, und alle tun so, als ob er noch lebt. Keiner will wahrhaben, dass er tot ist!«
»Aber … die trauernde Witwe? Die Königin?«, fragte Hades.
»Sie ist gar nicht traurig. Sie ging gestern Abend sogar zum Tanzen.«
»Und … die Diener? Seine treuen Diener?« Hades konnte es nicht glauben.

»Sie verbeugen sich vor dem toten Sisyphos, wenn sie an ihm vorbeigehen, und tun ihre Arbeit, als ob nichts geschehen wäre.«
»Das heißt, sie denken gar nicht an ein Begräbnis!«, rief Hades wütend.
»Sie wollen mir keine Opfergaben bringen. Das geht nicht! Bringt mir sofort Sisyphos' Seele!«
Die Boten taten, was Hades ihnen befohlen hatte, und übergaben ihm die Seele.
Hades packte Sisyphos' Seele mit zwei Fingern, hob sie hoch und donnerte: »Aus Korinth sind keine Opfergaben gekommen, und das ärgert mich sehr! So eine geizige Seele will ich bei mir in der Unterwelt nicht haben. Geh zurück nach Korinth, in die Oberwelt!«
Er gab der Seele einen kräftigen Fußtritt. Und so kam Sisyphos' Seele wieder in die Oberwelt. Schnell suchte sie sich ihren Körper und schlüpfte hinein.
Plötzlich lebte Sisyphos wieder. Er erhob sich und bedankte sich bei seiner Frau und seinen Dienern. Sie hatten alle Anweisungen, die er ihnen vorher gegeben hatte, genau befolgt.
»Ich wusste, dass es klappen würde! Ich habe Hades reingelegt!«, rief Sisyphos und lachte.
Auf dem Olymp dachte man, er wäre tot.
Aber er lebte weiter, und er wurde nicht älter.

Nach dreihundert Jahren sah Zeus vom Olymp wieder einmal nach Korinth. Er traute seinen Augen nicht. Er fragte Apollon, der neben ihm stand: »Sehe ich richtig? Ist der König da unten auf dem Fest nicht Sisyphos?«

»Er ist es, Vater«, sagte Apollon.

»Aber warum lebt er denn?« Zeus' Stimme wurde immer lauter. »Er müsste schon seit dreihundert Jahren tot sein. Wo ist Thanatos?«

Thanatos, der Tod, kam leise angekrochen. Er wusste, dass Zeus sehr wütend werden konnte.

»Thanatos, sieh mal, was in Korinth los ist, und sag mir, wer der König dort ist, der so fröhlich feiert? Kannst du ihn sehen?«

»Das muss ein Urururururenkel von Sisyphos sein«, sagte Thanatos.

»Es ist kein Urenkel von Sisyphos. Es ist Sisyphos selbst.«

»Unmöglich, Vater Zeus. Sisyphos' Seele habe ich persönlich vor dreihundert Jahren Hades übergeben. Daran kann ich mich sehr gut erinnern!«

»Er hat auch Hades reingelegt, dieser Schlaumeier!«, rief Zeus. »Sisyphos' Seele war in der Unterwelt, darum kann sie in der Oberwelt nicht alt werden. Und weil die Seele jung bleibt, wird auch sein Körper nicht alt. Ein Glück, dass ich nun weiß, was los ist! Sonst könnte Sisyphos noch tausend Jahre leben!«

Zeus donnerte wütend. Dann aber lachte er und verkündete mit strahlenden Augen: »Ich werde Sisyphos fürchterlich bestrafen! In den Tartaros mit ihm! Dort soll er Tag und Nacht einen riesengroßen Stein auf einen Hügel hinaufrollen. Wenn er mit dem Stein fast oben auf dem Hügel angekommen ist, rollt der Stein wieder hinunter, und Sisyphos muss von vorne anfangen. Nie soll er Ruhe finden!«

Der Tartaros war ein schwarzer Abgrund, der tief unter der Erde lag, noch tiefer als die Unterwelt. Dort sperrte Zeus seine Widersacher ein.

Zeus zeigte mit dem Finger nach Korinth. Riesige Blitze schlugen in den Boden neben Sisyphos ein. Die Erde spaltete sich. Feuer und schwarzer Rauch kamen aus der Erde. Mit einem Schrei fiel Sisyphos in die Spalte hinein. Die Erde verschluckte ihn. Dann wurde es still.

Sisyphos' Seele kam nie zur Ruhe. Bis in alle Ewigkeit musste er zur Strafe im Tartaros einen großen weißen Stein auf einen Hügel rollen. Ganz verschwitzt und übermüdet musste er den Stein ohne Pause den Hügel hinaufrollen. Wenn der Stein fast oben war, rollte er wieder nach unten, und Sisyphos musste hinter ihm herlaufen. Und dann, wenn der Stein zur Ruhe gekommen war, musste Sisyphos ihn wieder nach oben rollen. Tag und Nacht. Immer wieder.

Eine Arbeit, die sehr schwer ist, die kein Ende nimmt und deshalb sinnlos ist, nennt man heute noch »Sisyphusarbeit«.

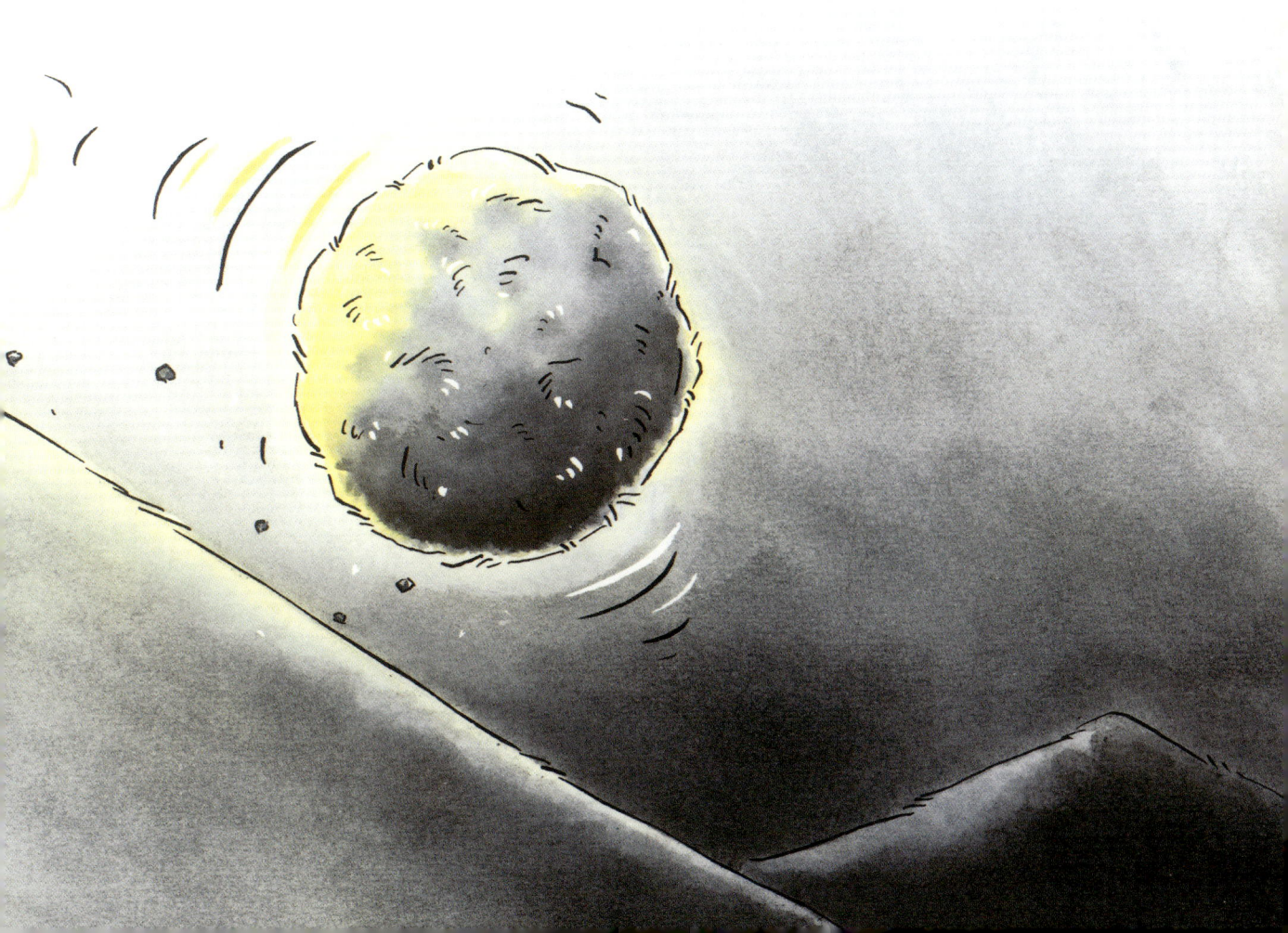

Kadmos

Europa, die Tochter des Königs Agenor, war seit einiger Zeit spurlos verschwunden. Der König war untröstlich.

In seiner Trauer rief er seinen Sohn Kadmos zu sich und sagte: »Geh und suche Europa. Ich will meine geliebte Tochter wiedersehen. Geh und suche sie so lange, bis du sie gefunden hast. Und komm mir ja nicht ohne sie zurück!«

Kadmos machte sich mit ein paar Soldaten auf den Weg. Aber wo sollte Kadmos seine Schwester Europa suchen? Alles, was man wusste, war, dass sie auf dem Rücken eines prächtigen Stieres aufs Meer hinaus geschwommen war.

Kadmos suchte viele Monate und viele Jahre. Vergeblich. Europa war nirgendwo zu finden. Kadmos beschloss nun, das berühmte Orakel von Delphi zu befragen.

»Was soll ich tun?«, fragte er. »Soll ich weiter nach Europa suchen?«

»Das brauchst du nicht«, antwortete ihm das Orakel. »Weil du sie sowieso niemals finden würdest. Zeus hat sie entführt und versteckt. Und sie ist glücklich mit ihm.«

»Und was wird aus mir?«, fragte Kadmos verzweifelt. »Ohne Europa darf ich nicht zu meinem Vater, dem König Agenor, zurückkehren.«

»Du sollst auch gar nicht zu ihm zurückkehren«, antwortete das Orakel. »Stattdessen wirst du eine neue Stadt gründen und ein eigenes Volk haben.«

»Und wann und wo soll ich diese Stadt gründen?«, fragte Kadmos.

»Wenn du von hier weggehst, wirst du einer Kuh begegnen«, sagte das Orakel. »Geh mit deinen Soldaten hinter ihr her, und warte, bis die Kuh zu grasen beginnt. Dort gründest du deine Stadt.«

Was für ein seltsamer Rat. Sehr nachdenklich ging Kadmos zu seinen Soldaten zurück.

Zu seinem großen Erstaunen begegnete ihnen schon bald darauf eine Kuh. Und es sah so aus, als ob die Kuh ihn erwartet hätte. Er ging der Kuh nach, wie das Orakel gesagt hatte. Seine Soldaten folgten ihm. Mehrere Tage und Nächte mussten sie gehen, bis die Kuh auf eine Weide kam, auf der sie endlich zu grasen begann.

»Hier werden wir eine Stadt gründen, Soldaten!«, rief Kadmos. »Wir suchen nicht länger nach Europa.«

Sie schlugen ein Lager auf und machten Feuer. Jetzt brauchten sie Wasser. In der Nähe war ein Gebirgsbach, und die Soldaten gingen hin, um sich zu waschen und die Amphoren mit Wasser zu füllen. Ihre Waffen ließen sie an der Feuerstelle liegen.

Am Bach aber sprang ihnen plötzlich ein Drache entgegen. Ihm gehörte nämlich diese Gegend. Bevor die Soldaten weglaufen konnten, tötete der Drache sie. Einen nach dem anderen.

Kadmos wartete lange auf seine Soldaten. Schließlich ging er sie suchen. Er nahm aber sein Schwert und seinen Speer mit, weil er ein ungutes Gefühl hatte.

Bald fand er die toten Soldaten am Ufer des Baches. Kadmos begriff sofort, was geschehen war, als er das schlafende Ungeheuer im Gebüsch entdeckte. Der vollgefressene Drache schlief fest. Aus seinen Nüstern kamen Flammen. Kadmos hätte weglaufen können, er blieb aber stehen. Du hast meine Soldaten getötet, du Ungeheuer, dachte Kadmos. Ich werde mit dir kämpfen und dich besiegen. Er kletterte auf einen Baum und schleuderte mit ganzer Kraft seinen Speer von oben auf den Drachen. Der Speer traf ihn im Rücken. Mit einem lauten Schrei sprang der verwundete Drache auf. Er suchte seinen Feind, konnte ihn aber nicht sehen. Das Ungeheuer wurde schwächer und schwächer. Als der Drache seinen Kopf hob, um nach oben zu sehen, sah er, dass Kadmos sich auf einem Baum versteckt hatte. Doch genau in diesem Moment nahm Kadmos sein Schwert und tötete den Drachen.

»Du kannst mir nicht mehr gefährlich werden!«, rief Kadmos. »Aber was soll ich hier allein in dieser

Wildnis tun? Das Orakel hat gesagt, ich solle hier eine Stadt gründen. Aber wie gründe ich eine Stadt ohne Menschen?«

»Du musst dem Drachen die Zähne aus dem Mund schlagen«, hörte er plötzlich eine göttliche Stimme sagen.

Vor sich sah Kadmos die Göttin Pallas Athene, seine Beschützerin.

»Jeder Mensch, den dieser Drache irgendwann getötet und gefressen hat, wurde in einen neuen Zahn verwandelt. Daher hat der Drache so viele Zähne. Jetzt ist er tot, und der Zauber ist weg. Nimm die Drachenzähne und säe sie hier in diese fruchtbare Erde. Nach dem ersten Regen wird dein neues Volk aus dem Boden wachsen.«

Kadmos konnte diese göttlichen Worte kaum glauben. Wie sollten aus der Erde Menschen wachsen? Aber er tat, was die Göttin ihm gesagt hatte. Mit einem Stein schlug er die Zähne aus dem Maul des Drachen, einen nach dem anderen. Dann nahm er sein Schwert und zog Furchen in die Erde und säte die Zähne hinein.

Am nächsten Morgen regnete es, und als danach die Sonne die Erde wieder erwärmte, sah Kadmos, wie sich in den Ackerfurchen

Lanzenspitzen zeigten. Dann tauchten Helme auf, und nach und nach wuchsen ganze Reihen von Soldaten in eisernen Rüstungen aus der Erde heraus. Es wuchsen auch Frauen und Kinder. Und als sie die Sonne erblickten, erwachten die Menschen zum Leben. Sie sahen sich um und begannen sich gegenseitig zu begrüßen. Ganze Familien, die das Ungeheuer irgendwann gefressen hatte, fanden sich wieder.
»Du bist unser Retter!«, riefen sie Kadmos zu. »Jetzt sei unser König!« Mit diesen Menschen gründete Kadmos seine Stadt. Er nannte sie Theben.

Ares und Aphrodite

Ares war einer der schrecklichsten Götter. Er war der Gott des Krieges. Die Römer nannten ihn Mars. Er war der einzige Sohn von Hera und Zeus.
Ares sorgte dafür, dass Menschen Kriege begannen. Er eilte von einem Krieg zum anderen.
Thanatos, der Tod, war sein ständiger Begleiter. Der große Dichter der Antike, Homer, nannte Ares »den Menschentöter«.

Ares und Aphrodite, die Göttin der Liebe, hatten zwei Söhne, die Ares ständig begleiteten: Phobos, die Furcht, und Deimos, der Schrecken.
Ares liebte Aphrodite sehr. Doch die Liebe der beiden nahm ein schlimmes Ende, als Aphrodites Mann Hephaistos davon erfuhr. Der Sonnengott Helios hatte es ihm gesagt.
Helios war jeden Tag mit seinem Sonnenwagen am Himmel unterwegs. Seine Aufgabe war es, die Welt zu erhellen. Von oben sah der Sonnengott alles, was auf der Erde und auf dem Olymp geschah.
Bald fiel ihm auf, dass immer, wenn Hephaistos nicht zu Hause war, Ares heimlich zu Aphrodite kam. Irgendwann bekam die Göttin der Liebe Zwillinge, die Ares sehr ähnlich sahen.

Alle Götter wussten sofort Bescheid – nur Hephaistos schöpfte keinen Verdacht.

Eines Tages beklagte sich Hephaistos bei Helios: »Ich habe zwei missratene Söhne. Keiner von ihnen will, dass ich ihm die Schmiedekunst beibringe. Keiner will, dass ich ihm zeige, wie man eine goldene Statue schmiedet. Sie haben beide kein Interesse an Kunst, obwohl sie meine Söhne sind, mein Fleisch und Blut. Stattdessen sind sie Krieger geworden. Ist das nicht ärgerlich?«

»Mein lieber Hephaistos«, sagte Helios leise, »sie sind nicht deine Söhne. Ihr Vater ist Ares. Darum hat Aphrodite sie Phobos – Furcht – und Deimos – Schrecken – genannt. Wenn du nicht willst, dass Aphrodite dir noch mehr Kinder von Ares schenkt, musst du etwas dagegen unternehmen. Die beiden treffen sich regelmäßig. Sie warten nur darauf, dass du in deine Werkstatt gehst, damit sie sich sehen können.«

Jetzt wurde Hephaistos wütend. »Danke, Helios! Mir ist ein Licht aufgegangen. Wie konnte ich so blind sein!«

Hephaistos eilte in seine Werkstatt und schmiedete ein unsichtbares Netz, eine Falle, die er über seinem Ehebett befestigte. Die Falle schnappte zu, als Aphrodite und Ares wieder zusammen im Bett lagen. Sie wurden darin gefangen.

Daraufhin rief Hephaistos alle Göttinnen und Götter zusammen. Aus Rache wollte er seine untreue Frau und Ares vor den anderen Göttern bloßstellen. Aber die Göttinnen und Götter wollten nicht kommen. Nur Zeus zeigte sich, lachte und sagte: »Hephaistos, ärgere dich nicht, Aphrodite ist die Göttin der Liebe. Außerdem hast du auch eine gewisse Schuld, weil du nie Zeit für deine Frau hast und ununterbrochen in deiner Werkstatt hämmerst. Du musst dir in Zukunft mehr Zeit für sie nehmen.«

Aphrodite und Hephaistos versöhnten sich bald darauf.

Ares aber verlor Aphrodite für immer. Leider war er weiterhin sehr in sie verliebt und benahm sich wie eine lästige Fliege: Er war oft heimlich in ihrer Nähe und beobachtete sie eifersüchtig. Als Aphrodite sich wieder einmal verliebte, nämlich in den wunderschönen, jungen Adonis, und ihn heimlich auf einer Blumenwiese traf, verwandelte sich Ares in einen wilden Eber. Dieser Eber kam plötzlich aus dem Dickicht und tötete den schönen Jüngling auf der Stelle. Aphrodite war untröstlich. Aus Adonis' Blut ließ sie wunderschöne Adonisröschen wachsen.

Semele und Dionysos

Zeus' größte Liebe war die junge Prinzessin Semele. Als Zeus sich in Semele verliebte, war er schon mehrere hundert Jahre mit Hera verheiratet.

Semeles Vater war König Kadmos, der Gründer von Theben. Ihre Mutter war Harmonia, eine Tochter von Ares und Aphrodite. Ihre Schönheit hatte Semele sicher von Aphrodite geerbt.

Zeus traf Semele heimlich, weil er Heras Eifersucht fürchtete. Er ging nachts zu Semele, und zwar in Gestalt eines jungen Mannes. Er sagte ihr, er sei ein Prinz. Semele ahnte nicht, dass er Zeus, der mächtigste aller Götter, war. Semele war mit Zeus sehr glücklich.

Nach einiger Zeit wollte Semele den jungen Prinzen ihrer Mutter und ihrem Vater vorstellen.

»Warum müssen wir uns verstecken?«, fragte sie. »Oder hast du etwas zu verbergen? Wir lieben uns doch.«

Aber Zeus winkte ab. »Nein, meine Liebste. Du kannst mich deinen Eltern nicht vorstellen. Das geht nicht. Glaub mir!«

Sie trafen sich weiterhin heimlich.

Doch irgendwann fand Hera heraus, dass sich Zeus und Semele heimlich sahen. Sie wurde sehr wütend und folgte ihnen als Fledermaus. Dadurch fand Hera heraus, dass Semele schwanger war. Sie beschloss, etwas zu unternehmen.

Im Traum zeigte sie sich Semele und sagte zu ihr: »Weißt du, Kind, dass du den mächtigsten Gott der Welt liebst?«

»Nein«, antwortete Semele im Schlaf, »das weiß ich nicht.«

»Jetzt weißt du es«, sagte Hera. »Du triffst ihn in Gestalt eines schönen jungen Mannes. Dieser junge Mann ist aber in Wirklichkeit ein anderer: Er ist Zeus, unser aller Vater und Gebieter. Sag ihm, er soll sich dir in all seiner Herrlichkeit zeigen. Du hast es verdient. Du trägst ein Kind von ihm in deinem Bauch. Er muss dir diese Bitte erfüllen!«

»Er wird es, glaube ich, nicht tun. Nicht einmal als Mensch will er sich meinen Eltern zeigen«, erklärte Semele.

Hera lachte. »Doch, doch! Du musst nur wissen, wie du ihn darum bittest.«

»Wie denn?«, fragte Semele.

»Sag ihm, er soll dir einen Wunsch erfüllen, und lass ihn beim heiligen Fluss Styx schwören. Wenn er auf den Styx schwört, muss er sein Versprechen halten.«

»Das will ich tun!«, rief Semele.

Nach diesem Traum war Semele von dem Wunsch besessen, Zeus in all seiner Herrlichkeit zu sehen. Hera hatte ihr diesen Wunsch eingeflüstert.

Als Zeus das nächste Mal zu ihr kam, sagte sie: »Ich habe eine wunderschöne Nachricht für dich, mein Lieber. Ich trage ein Kind von dir in meinem Bauch. Aber ich habe eine kleine Bitte. Schwöre beim Styx, dass du mir einen Wunsch erfüllen wirst.«

Zeus sagte: »Ich schwöre beim Styx.«

Doch dann wurde er misstrauisch und fragte: »Woher kennst du diesen Schwur?«

»Aus einem Traum«, antwortete Semele.

»Das ist ein Schwur der Götter. Jetzt weißt du, dass ich ein Gott bin. Ich will mich nicht länger verstecken: Ich bin Zeus!«

»Dann zeige dich mir in all deiner Herrlichkeit!«, sagte Semele. »Das ist mein Wunsch.«

Zeus erschrak. »Das ist unmöglich, mein Kind. Das wird dich vernichten. Ich bin so mächtig, dass kein Mensch meinen Anblick ertragen kann. Diesen Wunsch darfst du niemals äußern.«

»Aber du liebst mich doch!«, rief Semele.

»Genau darum will ich es ja nicht tun, mein Kind«, sagte Zeus.

»Du hast beim Styx geschworen, mir einen Wunsch zu erfüllen. Und genau das ist mein Wunsch. Dabei bleibt es.« Semele war fest entschlossen.

So musste Zeus sich in all seiner göttlichen Herrlichkeit vor Semele zeigen.

Einige Sekunden lang sah Semele Zeus an und war überglücklich. Doch wie Zeus vorausgesagt hatte, konnte Semele seinen Anblick nicht lange ertragen. Dann brannte sie aus und wurde zu einem Häuflein Asche. Aber in dieser Asche bewegte sich etwas Lebendiges. Es war das unsterbliche, göttliche Baby, das in ihrem Bauch lebte. Es war aber noch viel zu klein, um überleben zu können. Zeus nahm es, schnitt sich eine tiefe Wunde in seine Hüfte und setzte das winzige Baby hinein.

Dann flog er traurig und wütend zum Olymp.

Er war sich ganz sicher, dass seine eifersüchtige Ehefrau Hera ihre Hand im Spiel gehabt hatte.

Einige Monate später öffnete Hermes vorsichtig die Stelle an Zeus' Hüfte – und heraus kam ein junger Gott: Dionysos. Bei der Geburt waren auch die drei Horen dabei: die Göttinnen Thallo (Frühling), Karpo (Herbst) und Auxo (Sommer).
Zeus ernannte Dionysos zu seinem Berater und zum Gott des Weines.

Aber Dionysos war noch klein, ein Baby, und Zeus musste ihn vor Hera schützen. Deshalb verwandelte Zeus Dionysos in ein Lamm und gab es Hermes, der es in dieser Gestalt den Nymphen brachte, die auf dem Berg Nysa lebten.

»Nymphen«, sagte Hermes, »auf Zeus' Befehl bringe ich euch einen neuen Gott, ihr sollt das Kind aufziehen. Es heißt Dionysos und ist ein Sohn von Zeus.«

»Das ist aber ein Lämmchen!«, riefen die Nymphen.

»Das war nur eine Tarnung wegen der eifersüchtigen Hera«, sagte Hermes und verwandelte das Lämmchen wieder in ein Kind.

Die Nymphen zogen Dionysos auf. Als er erwachsen war, hat er sie aus Dankbarkeit als Sternbild am Himmel verewigt. Dann holte er seine Mutter Semele aus der Unterwelt und brachte sie zum Olymp, damit Zeus sie unsterblich machte. Von nun an hieß Semele Thyone.

Dionysos wurde der Gott des Weines und der fröhlichen Feste. Die Römer nannten ihn Bacchus.

Er war ein sehr wichtiger Gott, ein Gott, der allen Menschen Mut gab und Glück und Erlösung versprach. Es gab keinen anderen Gott, der die Menschen so sehr liebte wie Dionysos. Darum war er selten auf dem Olymp. Er liebte die Erde.

Auf der Erde hatte er immer viele Begleiter. Eine Herde von Satyrn tanzte hinter ihm her. Einer von ihnen war Silenos, ein lustiger kleiner Halbgott mit Stupsnase und dickem Bauch. Er hatte Pferdeohren und einen Pferdeschweif. Er ritt auf einem Esel oder tanzte die ganze Zeit. Silenos redete mit allen Menschen, die er traf, und gab ihnen praktische Lebensweisheiten. Eine lautete zum Beispiel:

»Wenn du deinen Geldbeutel verlierst, ärgere dich nicht. Du machst dem, der ihn findet, eine große Freude. Die Götter werden dich dafür belohnen.«

Silenos war Dionysos' Erzieher und Berater.

Hinter seinem Esel tanzten seine Freundinnen her, die Silenen.

In Dionysos' Gefolge waren auch lustige singende und tanzende Frauen, die Mänaden.

»Komm, tanz mit uns!«, riefen sie jedem zu, den sie trafen.

Sie selbst tanzten fast den ganzen Tag und wurden nie müde.

Zusammen mit ihnen tanzten die Satyrn. Sie versprachen jedem Fruchtbarkeit und Glück.

Dionysos' Gesellschaft war sehr komisch gekleidet: Alle trugen Rehfelle mit angenähten kleinen Glöckchen, die beim Tanzen klingelten. Viele hielten mit Weinlaub umwickelte Stäbe in den Händen. Diese Stäbe hatten einen Pinienzapfen an der Spitze; man nannte sie Thyrsoi.

Dionysos und sein Gefolge feierten ein Fest nach dem anderen. Nachts tanzten sie wild, hoch oben auf den Hügeln. Sie schwenkten brennende Fackeln, damit man sie von Weitem sehen konnte. Sie sangen laut, mit fröhlichen Stimmen: »Das Leben ist schön! Das Leben ist so schön! Die Menschen sollen sich freuen! Komm und trink ein Glas Wein mit uns! Und noch ein Glas und noch ein Glas! Und noch und noch ein Glas! Es lebe Gott Dionysos, der uns Freude schenkt!«

Auf Dionysos' Wunsch riefen die Athener zwei Feste ins Leben: Lenaia und Dionysia. Bei beiden Festen wurde Theater gespielt – lustige und traurige Theaterstücke.

König Midas

König Midas von Phrygien war einer der größten Verehrer von Dionysos, dem Gott des Weines. Er ließ all seine Ländereien mit Weinreben bepflanzen und machte den besten Wein weit und breit. Er baute zu Dionysos' Ehren sogar einen großen Tempel.

Eines Tages fanden lydische Bauern den alten Halbgott Silenos, der ein Erzieher und Freund von Dionysos war, betrunken in einem Weinberg liegen. Die Bauern lachten, weil er so lustig aussah mit seinem dicken Bauch, der Stupsnase, seinen Pferdeohren und dem Pferdeschweif. Sie bauten eine Blumentrage für ihn, schmückten Silenos mit Blumenkränzen und brachten ihn zu König Midas.

Midas erkannte Silenos sofort. Er bewirtete ihn zehn Tage lang mit erlesenen Weinen und Lammbraten. Silenos fühlte sich so wohl, dass er gar nicht wieder gehen wollte. Schließlich kam Dionysos, um ihn abzuholen.

Auch Dionysos wurde im Palast von Midas so fürstlich verwöhnt, dass er zu Midas sagte: »Du hast einen Wunsch frei! Wünsch dir etwas, und es wird geschehen!«

Midas überlegte nicht lange: »Ich wünsche mir, dass alles, was ich berühre, zu Gold wird.«

»Gut, es soll geschehen«, sagte Dionysos.
Midas freute sich riesig.
»Jetzt bin ich der reichste Mann der Welt!«, rief er und fing sofort an, alle Gegenstände in seinem Palast zu berühren: Tische, Stühle, Vasen, Öllampen, Geschirr, einfach alles, was er sah. Und tatsächlich wurde alles zu Gold.

Er lud seine Minister und Generäle zum Mittagsessen ein. Vor ihren Augen berührte er die Gegenstände am Tisch – sie wurden zu Gold. Alle waren begeistert, und sie riefen: »Es lebe König Midas, der reichste König der Welt! Es lebe König Midas, der reichste Mensch der Welt!« Dann wollte der König mit seinem Gefolge anstoßen und essen und trinken, zu Ehren von Dionysos. Doch es ging nicht! Midas spuckte nur Klumpen Gold heraus. Alles, was er essen wollte, verwandelte sich in seinem Mund in Gold. Der reichste Mann der Welt würde vor Hunger sterben!

Der verzweifelte König bat Dionysos um Gnade: »Befreie mich von diesem Spuk!«

Dionysos' Erzieher Silenos lachte und hatte sofort eine seiner Lebensweisheiten parat: »Siehst du, mein Freund: Gold kann man nicht essen.«

Dionysos hatte Mitleid mit Midas und sagte: »Geh zum Fluss Paktolos in Lydien und wasche dich mit dem Wasser dieses Flusses.«

»Danke, Dionysos!«, rief König Midas. »Ich mache mich sofort auf den Weg!«

Nachdem Midas sich im Fluss Paktolos gründlich gewaschen hatte, war er seine besondere Gabe tatsächlich wieder los. Er war erleichtert und glücklich.

Und der Paktolos wurde an diesem Tag zu einem goldenen Fluss, denn er war voller Goldstaub!

Achilles und die Reise nach Troja

Achilles war einer der Menschen, die einen sehr starken Kampfgeist haben. Er musste streiten und kämpfen, sonst war er unglücklich. Man sagte manchmal über Achilles, dass sein Blut ständig kochte.
Seine Mutter war die Meeresnymphe Thetis, sein Vater war ein Sterblicher, König Peleus.
Thetis wusste von dem unermüdlichen Kampfgeist ihres Sohnes Achilles. Um ihn vor fremden Speeren und Schwertern zu schützen, tauchte sie ihn als Baby drei Mal in den heiligen Fluss Styx. So wurde er unverletzbar. Nur die Ferse, an der sie Achilles festgehalten hatte, blieb ungeschützt.

Als der Trojanische Krieg ausbrach, zog Achilles freiwillig mit in den Kampf. Er wollte unbedingt das Leben eines Helden führen.
Der Grund für den Trojanischen Krieg war die schöne Helena.
Der Trojaner Paris hatte Helena nach Troja entführt und wollte sie heiraten. König Menelaos, ihr Ehemann, war schrecklich wütend, als er bemerkte, dass seine Frau Helena in Troja war. Natürlich wollte er sie zurückhaben.
König Agamemnon, Menelaos' Bruder, rüstete ein großes Kriegsheer.

Achilles und Odysseus waren auch mit dabei. Sie segelten in Richtung Troja.

Doch leider verfehlten die Griechen den richtigen Weg nach Troja. Sie landeten irrtümlich in Mysien, sehr weit südlich von Troja, an der asiatischen Küste. Die Griechen wussten aber nicht, dass sie nicht in Troja waren. Es gab nämlich noch keine richtigen Landkarten.
Sie verankerten ihre Schiffe und gingen an Land, um Troja zu suchen.
»Wo ist Troja?«, fragten sie einige Bauern, die ihre Felder bestellten.
Als diese Bauern jedoch die schwer bewaffneten Griechen sahen, warfen sie alles, was sie in ihren Händen hatten, auf den Boden, kletterten, so schnell sie konnten, auf ihre Esel und Pferde und galoppierten davon.
»Wartet, wo ist Troja?«, riefen die Griechen und liefen hinter ihnen her.
»Seht ihr, darum sage ich, man muss fremde Sprachen sprechen«, belehrte Odysseus seine Soldaten. »Jetzt müssen wir Troja selber suchen. Aber wo sollen wir anfangen? Das wird nicht leicht!«
Die Griechen marschierten immer weiter, ohne ihren Irrtum zu bemerken. Dann standen plötzlich bewaffnete Soldaten vor ihnen. Sie trugen Fahnen und Standarten. Und die Griechen sahen sofort, dass es keine Trojaner waren.
»Wir sind in Mysien gelandet!«, riefen sie. »Troja ist weit weg!«
Agamemnon gab das Zeichen zum Umkehren. »Zu den Schiffen!«
Aber in diesem Moment stürmten zwei Männer mit ihren Speeren aufeinander los. Es waren Achilles und König Telephos, ein Sohn des Herakles. Telephos' Speer traf nicht. Aber Achilles' Speer fügte Telephos eine tiefe Wunde an der Hüfte zu.

»Zurück, wir kämpfen nicht! Troja ist weit weg!«, rief König Agamemnon seinen Leuten zu. »Zurück zu den Schiffen!«

So segelten die Griechen zurück nach Argos. Von dort wollten sie ihr Glück wieder versuchen und diesmal den richtigen Weg nach Troja finden. Das war gar nicht so einfach – man brauchte erfahrene Seeleute. Odysseus ging in die Gasthäuser am Hafen und fragte überall herum: »Gibt's hier einen, der den schnellsten Weg nach Troja kennt? Wir möchten ihn anheuern. Wir werden ihn fürstlich bezahlen, und zwar in Gold.«

Ein in Lumpen gekleideter Mann kam zu Odysseus und flüsterte ihm ins Ohr: »Ich kenne den Weg und werde euch gerne führen, aber ich kann leider kaum gehen.«
»Das wird uns nicht stören. Gib mir die Hand! Ich bin Odysseus, der König von Ithaka. Mein Schiff ankert im Hafen. Wir werden dich dorthin tragen und dann neben den Steuermann setzen. Essen und Trinken bekommst du, so viel du willst, auch Geld und Gold! Du sollst uns nur den Weg nach Troja zeigen. Abgemacht?«

»Nein!«, sagte der Mann.
»Was willst du mehr?«, fragte Odysseus. »Was sollen wir noch dafür tun?«
»Ich brauche jemanden, der meine böse Wunde heilt«, sagte der Mann und zeigte auf seine Hüfte. »Ein Seher hat mir verkündet, dass der Einzige, der diese Wunde heilen kann, der Mann ist, der mich verletzt hat. Deshalb bin ich hier. Ich wurde in Mysien verletzt. Doch der, der mich verletzt hat, war ein Grieche. Ich bin Telephos, der König von Teuthrania. Kannst du dich nicht an den Kampf in Mysien erinnern?«
»Doch, das kann ich!« Odysseus nickte.
»Wer war der Mann, der mich verletzte?«, fragte Telephos.
»Es war der große Held Achilles, der halb göttlicher Abstammung ist. Seine Mutter ist die Okeanide Thetis«, antwortete Odysseus.
»Hol ihn bitte hierher«, bat Telephos. »Nur er kann meine Wunde heilen. Wenn ich geheilt bin, zeige ich euch den Weg nach Troja. Hole ihn bitte schnell, die Wunde tut mir sehr weh!«
Odysseus musterte Telephos von oben bis unten und sagte: »Was ich nicht verstehe: Wenn du ein König bist, warum versteckst du dich hier und kleidest dich in Lumpen?«
»Sollte ich etwa mit einer Krone auf dem Kopf herumlaufen?«, rief Telephos. »So erkennt mich wenigstens keiner, so bin ich sicher.«
Odysseus schickte sofort einige Leute, die nach Achilles suchen sollten. »Lauft und sucht Achilles, er sitzt sicher in einem der Gasthäuser.«
Odysseus' Männer brauchten nicht lange zu suchen. Sie fanden Achilles tatsächlich in einem der Gasthäuser. Achilles schlief friedlich an einem Tisch. Dabei schnarchte er so laut, dass die anderen Gäste sich anschreien mussten, um sich zu verständigen.

Es war leider unmöglich, ihn wach zu bekommen. Odysseus' Männer überlegten, was sie tun sollten. Sollten sie Achilles einfach schlafen lassen? Es war aber unmöglich, Odysseus' Befehl nicht zu befolgen.

»Das wäre Meuterei«, sagte einer von ihnen. »Und ihr wisst alle, was für eine Strafe auf Meuterei steht. Alle Meuterer werden durchpfeilt! Sie werden an einen Pfosten gebunden, damit sie sich nicht bewegen können. Ihr Mund wird mit Gras vollgestopft, damit sie nicht schreien können. Dann schießen sechs Schützen hintereinander sechs Pfeile aus zehn Schritt Entfernung auf sie ab. Wenn einer nicht trifft, muss er den Schuss so oft wiederholen, bis er trifft.«

Natürlich wollte sich keiner durchpfeilen lassen.

Nach kurzer Beratung holten sie das rote Hauptsegel von Odysseus' Schiff. Zwei Männer packten Achilles an den Füßen, zwei andere an den Händen und legten ihn auf das Segel. Dann riefen sie »Hauruck!« und trugen den schnarchenden Helden zu Odysseus.

»Hier ist er. Er schläft wie ein Murmeltier und will nicht wach werden.«

»Dann lassen wir ihn ausschlafen. So viel Zeit muss sein«, sagte Odysseus und lachte.

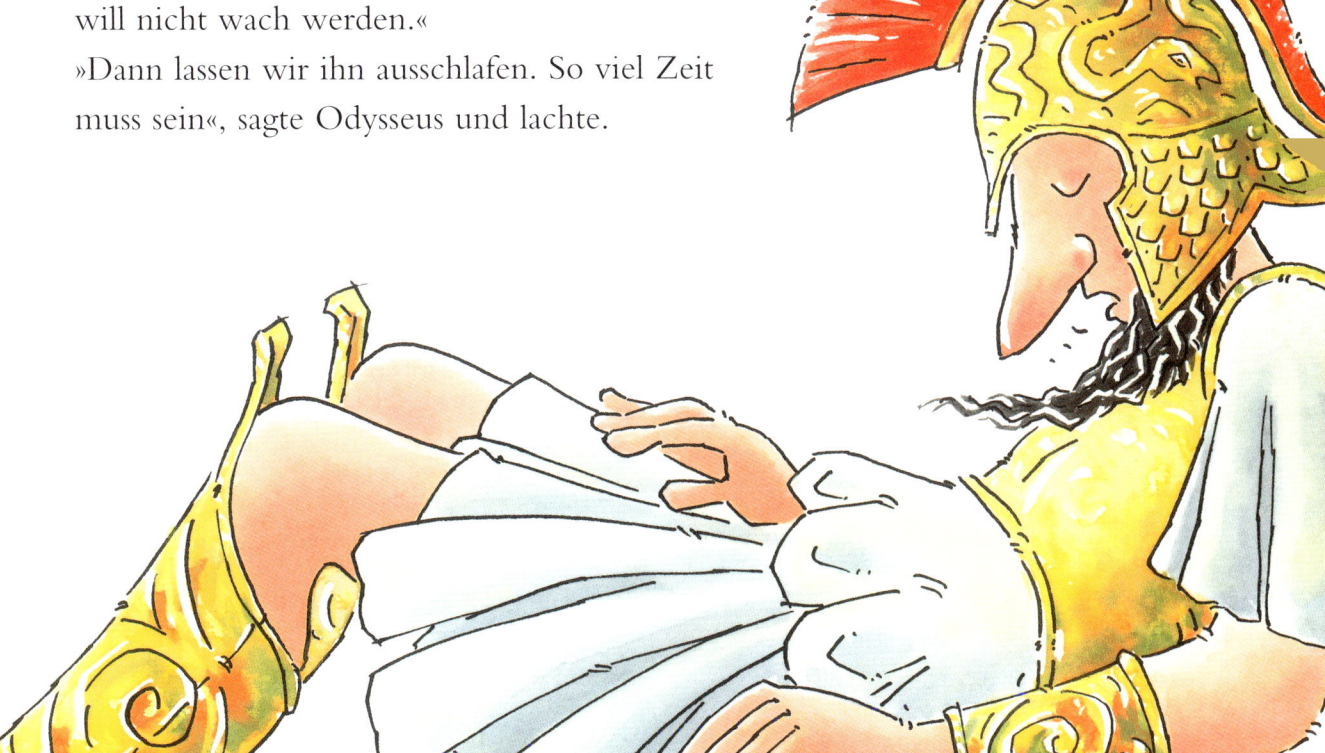

Als Achilles endlich aufgewacht war, wusste er nicht, wie er Telephos' Wunde heilen sollte.

Alle überlegten. Doch keiner wusste Rat.

Aber dann sprang plötzlich Odysseus auf und rief: »Was hat die Wunde verursacht? Nicht du, Achilles, sondern dein Speer! Du hast deinen Speer auf Telephos geworfen, und der Speer traf. Dein Speer müsste also die Wunde heilen können.«

Das war die Lösung! Achilles holte seinen Speer. Dann kratzte er mit einem Messer ein bisschen Rost vom Speer und verteilte den Rost auf Telephos' Wunde. Und tatsächlich: Die Wunde heilte schnell. Die Voraussage hatte sich erfüllt.

Nun zeigte Telephos, wie versprochen, den Griechen den Weg nach Troja.

Unterwegs legten die Schiffe auf der Insel Tenedos im Ägäischen Meer an. Hier hatte Achilles in der Nacht einen Traum:

Seine Mutter, die Göttin Thetis, erschien an seinem Bett und sagte sanft: »Dies ist ein gefährlicher Ort für dich, mein Sohn, weil du so einen starken Kampfgeist hast. Das ist deine größte Schwäche. Darum greifst du auch sehr schnell zur Waffe. Bitte sei vernünftig und verlasse diesen Ort so schnell wie möglich. Hüte dich vor einem Kampf mit dem König dieser Insel: Tenes. Er ist wie du göttlicher Abstammung. Und er ist auch genauso reizbar wie du. Tenes ist ein Sohn von Apollon, dem Gott des Bogenschießens. Apollon ist sehr nachtragend. Er kennt kein Erbarmen. Wenn du Tenes etwas tust, wirst du es bitter bereuen. Apollon wird sich rächen! Er vergisst nie etwas!«

Nach diesen Worten verschwand Thetis.

Am nächsten Tag war sich Achilles nicht sicher, ob seine Mutter wirklich mit ihm gesprochen hatte oder nicht. War es nur ein Traum, oder sollte er Thetis' Worte befolgen?

Achilles beschloss, nicht weiter darüber nachzudenken.

Leider kam es an diesem Morgen zu einem Streit zwischen Achilles und König Tenes.

In einem Zweikampf erschlug Achilles Tenes mit seinem Schwert. Kurz darauf donnerte es schrecklich laut. Da wusste Achilles, dass er einen Fehler gemacht hatte. Apollon würde den Tod seines Sohnes rächen.

Kurze Zeit später wurde Achilles dann tatsächlich durch einen Pfeil des Prinzen Paris getötet, den Apollon lenkte. Apollon sorgte dafür, dass Paris' Pfeil genau in Achilles' Ferse traf – die einzige verwundbare Stelle seines Körpers.

Hades, der Gott der toten Seelen

Hades war der Totengott, der Herrscher der Unterwelt.
Man nannte ihn auch »den Unsichtbaren«. Viele wollten seinen Namen nicht aussprechen, weil sie dachten, es bringe Unglück.
Alle hatten Angst vor ihm.
Hades hatte einen Platz im Rat der Götter. Auf den Olymp kam er aber selten – nur wenn sein Bruder Zeus ihn dazu aufforderte.
Die Römer nannten Hades Pluto, was »der Reiche« bedeutet.
Die Griechen glaubten, dass Hades sehr reich war. Denn unter der Erde lagen unzählige Schätze – Goldadern und Edelsteine –, und dies alles gehörte Hades. Dazu kam noch, dass man ihm bei jedem Begräbnis Opfer bringen musste. Außerdem besaß Hades riesige Rinderherden, die auf der Insel Erytheia, weit im Westen Griechenlands, weideten.
Man nannte Hades auch »Zeus der Unterwelt«, »der Berühmte« oder »der Gastfreundliche«.
Warum »der Gastfreundliche«? Weil jeder Mensch irgendwann sterben würde und dann sein Gast werden musste.
Hades war ein Gott, der sein Reich mit eiserner Hand führte. Man erzählte sich, dass er nie lachte. Nur seiner Frau Persephone gegenüber zeigte er Gefühle. Er liebte sie über alles.

Hades' Reich, die Unterwelt, war eine eigene Welt. Die meisten Seelen mussten dort als Schatten ziemlich trostlos leben. Aber es gab auch eine Insel der Seligen, die man Elysium nannte und auf der auserwählte Seelen ewiges Glück genossen.
Die Unterwelt konnte man nicht verlassen. Alle, die einmal hineingekommen waren, mussten dort bleiben.

Aber nicht alle Seelen kamen zu Hades in die Unterwelt.
Die Sünder, die Zeus bestrafen wollte, saßen im Tartaros – einem Ort der ewigen Finsternis und Kälte, tief unter der Erde. Hier rollte Sisyphos todmüde, in Schweiß gebadet, Tag und Nacht seinen Stein. Hier stand Tantalos, hungrig und durstig, bis zum Hals im Wasser, konnte aber nicht einen Schluck trinken. Hier lag der Gigant Tityos gefesselt. Er war unglaublich groß. Hier waren die Titanen, die einmal gegen Zeus gekämpft hatten, in riesige goldene Käfige eingesperrt. Sie wurden von den hundertarmigen Riesen bewacht.
Über den Tartaros herrschte Zeus.

Der Eingang zur Unterwelt, dem Reich der Toten, befand sich irgendwo im Rhodopen-Gebirge oder in einer Höhle bei Sparta. Die Seelen kamen als Schatten hierher, getrieben von dem eingeborenen Wunsch, die Oberwelt zu verlassen. Von der Oberwelt zur Unterwelt führte ein dunkler Tunnel. Jede Seele strahlte ein blaues Licht aus. So konnte sie ihren Weg erhellen.
Irgendwann kamen alle zu einem Fluss: dem heiligen Styx. Der Fluss war breit und strahlte geheimnisvolles blaues Licht aus. Am Ufer warte-

te, neben einem Kahn, ein alter Fährmann, Charon. Jede Seele musste ihm für die Überfahrt eine Goldmünze geben.

Erst nach der Überfahrt kam der eigentliche Eingang zum Reich der Toten. Hier saß der dreiköpfige Höllenhund Zerberus und fletschte die Zähne. Er passte auf, dass keine Seele die Unterwelt wieder verlässt und dass kein lebender Mensch hineinkommt.

Nur ein Lebender ist an Zerberus unbehelligt vorbeigegangen. Das war der beste Sänger der Antike, Orpheus, der die Seele seiner geliebten Eurydike auf die Erde zurückholen wollte. Orpheus spielte so schön auf seiner Leier, dass der Höllenhund ihn eintreten ließ. Hades traute seinen Augen nicht, als er einen lebendigen Menschen in seinem Reich sah. Doch auch Hades und seine Frau Persephone ließen sich von Orpheus' Musik verzaubern und erweichen. Sie gaben Orpheus Eurydikes Seele. Aber Hades stellte Orpheus eine Bedingung: Er sollte vorangehen und sich erst dann nach Eurydike umsehen, wenn sie beide wieder in der Oberwelt wären. So machte sich Orpheus, gefolgt von Eurydike, auf den Weg nach oben.

Als sie die Unterwelt schon fast verlassen hatten, konnte Orpheus nicht länger widerstehen und drehte sich um. Er merkte sofort, dass das ein großer Fehler war. Eurydike verschwand noch in derselben Sekunde wieder im Reich des Hades. Orpheus wollte ihr folgen, doch diesmal gab es keine Möglichkeit für ihn, im Hades zu bleiben. Er musste ohne Eurydike in der Oberwelt weiterleben.

Hades und Persephone

Persephone war die Tochter von Zeus und Demeter und lebte in der Oberwelt. Sie war eine Göttin des Wachstums, und sie war außergewöhnlich schön.

Hades sah Persephone von der Unterwelt aus, als Persephone sich im Wasser eines Brunnens betrachtete. Hades lächelte sie von unten in Gestalt eines schönen jungen Mannes an. Persephone wunderte sich, dass sie nicht ihr Spiegelbild sah, sondern das Gesicht eines hübschen Jünglings. Sie lächelte zurück. Dann lief sie weg.

Da sie aber sehr neugierig war, ging sie bald wieder zu dem Brunnen zurück. Sie wollte unbedingt das Gesicht des jungen Mannes wiedersehen. Und tatsächlich: Es war da, nickte ihr freundlich zu, winkte und rief: »Spring in den Brunnen. Komm zu mir!«

»Nein«, sagte Persephone, »komm du doch herauf. Bist du ein Wassergott? Gehört dieser Brunnen dir?«

In dem Moment spaltete sich die Erde, und Hades kam herauf, in seiner ganzen göttlichen Pracht: in einem goldenen Streitwagen, der von drei blauen Pferden gezogen wurde. Aus ihren Nüstern kam Feuer.

»Mir gehört noch viel mehr, schöne Göttin. Ich besitze alle Reichtümer, die in der Erde liegen: Gold, glitzernde Edelsteine, Silber und Diamanten und alles, was du dir an Schätzen nur vorstellen kannst. Mir gehört die Unterwelt. Ich bin Hades! Komm mit mir und werde meine

Frau. Ich brauche eine Königin, die mit mir zusammen herrscht, sonst bin ich so allein! Habe keine Angst. Du wirst sehen, die Unterwelt ist genauso schön wie die Oberwelt. Du wirst von den klügsten Menschen und den größten Künstlern, die je gelebt haben, umgeben sein. Du wirst mit Aristoteles und Sokrates reden … Und die, die heute leben, wirst du auch wiedersehen – sie werden irgendwann nachkommen. Und sie alle werden sich freuen, dich als Herrscherin der Unterwelt zu haben.«

»Aber ich muss meine Mutter um Erlaubnis fragen«, sagte Persephone leise.

»Fragen? Warum musst du sie fragen? Du bist alt genug, um selbst über dein Schicksal zu entscheiden! Komm mit!«

Hades gab ihr seine Hand, und sie kam mit.

So bekam Hades eine der schönsten Göttinnen zur Frau, und Persephone wurde die Herrscherin der Unterwelt.

Demeter und Persephone

»Wo ist meine Tochter? Ich kann meine Tochter nicht finden! Wo ist Persephone?«

Demeter, die Göttin der Fruchtbarkeit – ihr Name bedeutet »Mutter Erde« –, suchte seit Tagen verzweifelt ihre einzige Tochter Persephone. Mit zwei brennenden Fackeln in ihren Händen suchte sie auf der gesamten Oberwelt.

Aber Persephone war nirgendwo zu finden.

Demeter fragte Apollon, ob er wüsste, wo Persephone sei. Doch Apollon zuckte die Schultern: »Ich weiß es nicht.«

Das wollte Demeter nicht glauben. Sie rief: »Du bist doch der Gott der Weissagung. Du weißt alles!«

»Aber das weiß ich leider nicht«, antwortete Apollon. »Keine Ahnung, warum, aber ich weiß es nicht. Ich kann dir nicht helfen.«

»Hat sie etwas verbrochen?«, wollte Demeter wissen. »Hat sie vielleicht Zeus beleidigt? Hat er sie in den Tartaros verbannt?«

»Nein, das sicher nicht! Das wüsste ich«, sagte Apollon.

So machte sich Demeter erneut mit den brennenden Fackeln auf den Weg, um Persephone zu suchen. Dabei vernachlässigte Demeter ihre Pflichten als Göttin der Fruchtbarkeit. Deshalb geschah Folgendes:

Die Erde trocknete aus. Die Bäume hatten keine Blüten und Früchte. Auf den Kornfeldern wuchsen nur Halme mit leeren Ähren. Es wurden keine Kinder geboren. Die Kühe bekamen keine Kälber und gaben keine Milch. Es kam zu einer Hungersnot.

Die Menschen waren verzweifelt und weinten. Sie versammelten sich im Tempel, um zu beten. Die Gebete erreichten Zeus, der von oben nach unten schaute, das Elend sah und fragte: »Wo ist Demeter? Warum tut sie ihre Arbeit nicht? Wie ist es möglich, dass die Menschen solchen Hunger haben?«

»Demeter habe ich seit Monaten nicht gesehen«, sagte Hermes, der neben ihm stand. »Auf den Olymp kommt sie nicht mehr.«

Zeus fragte Apollon, den Gott, der alles wusste: »Wo ist Demeter?«

»Demeter hat sich in einer Höhle versteckt«, sagte Apollon. »Sie ist sehr traurig, weil ihre Tochter Persephone verschwunden ist. Sie hat mich gefragt, wo ihre Tochter ist. Ich durfte es aber nicht sagen, weil ich Hades versprochen habe zu schweigen. Persephone ist bei Hades in der Unterwelt. Dort darf aber Demeter nicht hin.«

Zeus rief den Gott Pan zu sich und sagte: »Geh zu Demeter. Apollon wird dich zu ihr führen. Sag ihr, sie muss sofort zu mir kommen! Sag ihr, ich weiß, wo Persephone ist. Ich kümmere mich um die Sache. Ich muss dich schicken, weil ich für meinen Boten Hermes eine andere Aufgabe habe.«

Dann schickte Zeus Hermes in die Unterwelt. »Sag Hades und Persephone, sie müssen sofort auf den Olymp kommen.«

So trafen sie sich alle drei bei Zeus: Demeter, Hades und Persephone. Demeter freute sich sehr, ihre geliebte Tochter Persephone endlich wiederzusehen. Sie hatte große Angst gehabt, ein Urgott wie Kronos oder ein hundertarmiger Riese könnte Persephone entführt haben. Demeter war froh, dass es Persephone gut ging. Doch nun wollte sie natürlich, dass ihre Tochter wieder mit ihr in die Oberwelt zurück-

kehrte. Hades dagegen wollte, dass Persephone bei ihm in der Unterwelt blieb, schließlich war sie seine Frau geworden.
Zeus musste schlichten. Nach langem Hin und Her bestimmte er Folgendes: Persephone sollte jedes Jahr sechs Monate bei ihrer Mutter in der Oberwelt leben. Die restlichen sechs Monate sollte sie bei ihrem Mann Hades in der Unterwelt verbringen.

Und so entstanden die Jahreszeiten: Frühling, Sommer, Herbst und Winter.
Wenn Persephone bei Hades in der Unterwelt lebte, war auf der Erde Winter. Demeter war traurig, weil ihre Tochter nicht bei ihr war. Im Frühling begann Demeter sich langsam zu freuen, weil ihre Tochter bald kommen würde. Dann schenkte sie der Erde Fruchtbarkeit. Alles begann zu wachsen. Die Bäume wurden grün, die Tiere bekamen Junge, das Korn auf den Feldern wuchs höher und höher, und so blieb es von April bis September. Dies war die Zeit, in der Persephone bei ihrer Mutter Demeter in der Oberwelt lebte. Doch dann ging der Besuch zu Ende, und Persephone kehrte zu Hades in die Unterwelt zurück. Demeter wurde wieder traurig. Der Herbst und der Winter kamen, bis Persephone im nächsten Frühling zu Demeter zurückkam.

Zeus und die Bestrafung der Urmenschen

Lange vor den Menschen lebten auf der Erde die Vormenschen oder Urmenschen. Sie sahen wie Affen aus, wie riesengroße Gorillas. Nun sind Gorillas friedlich. Die Urmenschen waren aber alles andere als friedlich.

Sie lebten in ewigem Zank miteinander. Sie prügelten sich und bewarfen sich mit Steinen. Und ihre Häuser bauten sie aus Eisenerz.

Apollon, der Gott des Heils und der Ordnung, ärgerte sich über das schlechte Benehmen der Urmenschen.

Eines Tages ging er zu Zeus und sagte: »Großer Zeus, es ist eine Schande, wie sich die Urmenschen auf der Erde benehmen. Sie sind rücksichtslos und gewalttätig. Sie sind stark wie Löwen, aber gemein wie Schlangen. Und sie glauben nicht an uns Götter. Sie glauben nur an ihre Fäuste, und ihr Recht ist das Recht des Stärkeren. Ich fürchte, du wirst eines Tages Ärger mit ihnen bekommen.«

»Ist es so schlimm?«, fragte Zeus ungläubig.

»Nimm Menschengestalt an und überzeuge dich selbst«, schlug Apollon vor.

Das tat Zeus, und er war sehr wütend, als er zum Olymp zurückkam.

»Ich kann den Urmenschen alles verzeihen«, sagte er. »Aber dass es bei ihnen keinen einzigen Zeus-Tempel gibt, das verzeihe ich ihnen nie.«
»Ja, ich hab's dir ja gesagt, großer Zeus. Sie sind gottlos«, sagte Apollon.
Zeus rief den Rat der Götter zusammen und schlug vor, die Urmenschen zu bestrafen.
»Ich war nur einige Stunden in Menschengestalt auf der Erde und wurde in dieser Zeit dreimal verprügelt.« Und er zeigte den anderen die blauen Flecken auf seinem Rücken. Allen versammelten Göttern wurde klar, dass die Urmenschen diese blauen Flecken teuer bezahlen mussten.
»Erst dachte ich, sie alle mit eisernen Blitzen zu erschlagen«, sagte Zeus. »Aber dann würde vielleicht die ganze Erde mit verbrennen, deshalb habe ich mir etwas Besseres ausgedacht. Ich werde eine große Flut über die Erde bringen.«
Sofort schickte er den Südwind zur Erde hinab. Der brachte schwere Regenwolken mit, und bald regnete es in Strömen. Tag und Nacht. Es hörte gar nicht mehr auf zu regnen. Zeus' Bruder Poseidon befahl allen Meeren, das feste Land zu überschwemmen. Die Flüsse verließen ihre Flussbetten, sie änderten ihren Lauf, und die Wassermassen zerstörten die Häuser der Urmenschen. Die Urmenschen versuchten, sich zu retten. Sie versuchten, auf die Berge zu steigen, aber die entfesselten Bergbäche spülten sie hinunter. Am Ende waren alle Urmenschen ertrunken.

Was Zeus nicht wusste: Zwei Lebewesen hatten sich doch gerettet. Das waren Deukalion, der Sohn des Gottes Prometheus, und seine Frau Pyrrha. Prometheus wusste, was Zeus vorhatte, und hatte die beiden rechtzeitig gewarnt. Und er hatte ihnen auch ein Schiff gebaut. Mit diesem Schiff konnten sie sich retten. Deukalion und Pyrrha waren nicht so böse wie die Urmenschen. Ganz im Gegenteil. Sie waren gute Menschen.

Als der große Regen aufgehört hatte, strandete ihr Schiff. Denn die Meere zogen sich in ihr ursprüngliches Gebiet zurück, und Poseidon legte sich mit seinem Dreizack unter dem Arm schlafen. Dann kam der Nordwind über die Erde und verjagte die Wolken. Die Sonne schien plötzlich wieder, und zwar heller als je zuvor.

Als der fromme Deukalion das verwüstete Land sah, begann er zu weinen. Auch seine Frau Pyrrha weinte. Sie hatten beide große Angst.

»Ich glaube, wir sind die Einzigen, die am Leben geblieben sind«, sagte Deukalion.

»Das glaube ich auch. Und was machen wir jetzt?«, fragte Pyrrha.

»Wir müssen beten. Wir müssen Zeus bitten, andere lebendige Wesen zu erschaffen.«

Aber wo sollten sie beten?

Sie gingen in Richtung des Berges Olymp. Unterwegs fanden sie den halb zerstörten Tempel der Göttin Themis, einer Titanin. Sie war eine Tante des Hauptgottes Zeus. Und in diesem Tempel begannen Pyrrha und Deukalion zu beten.

»Sag uns, du große Göttin, Tante des Zeus, wie erwecken wir die Urmenschen zum Leben? Wir möchten nicht allein auf der Erde sein.«

»Die Urmenschen sind tot. Sie haben ihre gerechte Strafe erhalten, weil sie gottlos und gemein waren«, hörten sie plötzlich die Stimme der Göttin. »Aber ihr werdet nicht allein bleiben. Ihr müsst nur meinem Rat folgen.«

»Gib uns deinen Rat. Wir werden ihn befolgen.«

»Geht aus dem Tempel. Dann macht eure Augen zu, bückt euch, nehmt die Gebeine eurer Mutter und werft sie hinter euch.«

Der fromme Deukalion und seine Frau waren sehr verwirrt. »Was hast du gesagt, große Göttin?«, fragten sie noch einmal, um sich zu vergewissern.

»Ich habe gesagt: Geht aus dem Tempel, macht die Augen zu, bückt euch, nehmt die Gebeine eurer Mutter und werft sie hinter euch.«

Deukalion und Pyrrha gingen langsam aus dem Tempel ins Freie. Sie sahen sich an, und Pyrrha fragte Deukalion: »Hast du das verstanden?«

»Nein, du?«

»Ich auch nicht.«

Nachdenklich gingen sie weiter, und Pyrrha fragte Deukalion noch mal: »Hast du das verstanden?«

»Nein.«

»Ich auch nicht. Was wollte die Göttin uns damit sagen? Bückt euch, nehmt die Gebeine eurer Mutter und werft sie hinter euch. Wo sollen wir die Gebeine unserer Mutter finden? Warte, warte. Sie redete ja von einer Mutter. Und wir beide haben doch zwei Mütter. Ja, ich glaube, das ist der Schlüssel dieses Rätsels. Im weitesten Sinne ist die Erde unsere Mutter. Genauso ist es. Und ihre Gebeine können nur die Steine sein. Und die sollen wir hinter uns werfen.«

Sie beugten sich beide zur Erde, machten ihre Augen zu und warfen Steine hinter sich. Das geschah alles auf einem Acker, wo die Erde noch feucht und matschig von der großen Flut war. Deshalb waren die Steine nicht sauber und glatt, sondern voller Erde.

Deukalion und Pyrrha drehten sich um und öffneten ihre Augen. Und sie sahen, wie ein Wunder geschah. Die Steine begannen zu wachsen und nahmen schnell menschliche Gestalt an. Die Erdklumpen wurden zu Fleisch, die Feuchtigkeit zu Blut und das Gestein zu Knochen. Und bald standen fertige Menschen da. Die Steine, die Deukalion hinter sich geworfen hatte, waren Männer geworden, und die Steine, die Pyrrha hinter sich geworfen hatte, waren Frauen.

Deukalion und Pyrrha schlossen wieder ihre Augen und warfen weitere Steine hinter sich. Und so entstand das griechische Volk. Deshalb sagt man heute noch: Wir sind aus Erde gemacht und werden wieder zu Erde werden.

Poseidon

Poseidon war neben Zeus und Hades einer der mächtigsten Götter. Die Römer nannten ihn Neptun. Er herrschte über alle Meere und Ozeane. Auf seinem Streitwagen fuhr er mit einem goldenen Dreizack in der Hand wie ein Wirbelwind über die Wellen des Meeres. Fische und Meeresungeheuer sprangen aus dem Wasser, um ihren Herrn und Gebieter zu begrüßen: »Hoch lebe Poseidon! Hoch lebe Poseidon!«, riefen sie.

Der Meeresgott war auch der Herr der Erdbeben. Darum nannte man ihn auch den »Erderschütterer«. Er wohnte in einem prächtigen Palast auf dem Meeresboden des Mittelmeers.

Poseidon war sehr nachtragend, rachsüchtig und berüchtigt für seinen Zorn. Er war verantwortlich für Stürme und Taifune. Riesige Wellen überfluteten ganze Inseln und Landstriche. Tausende von Menschen starben. Das machte ihn aber nicht milder. Zeus musste ihn manchmal zur Vernunft bringen: »Poseidon, beruhige dich! Sei nicht so nachtragend!«

Poseidon wollte die Meeresgöttin Amphitrite heiraten. Er traf sie auf der Insel Naxos, wo sie mit anderen Nymphen tanzte. Er verliebte sich auf der Stelle in die schöne Meeresgöttin, aber sie wollte nichts von ihm wissen. Sie floh vor Poseidon.

Poseidon verfolgte sie. Sie verwandelte sich in einen Fisch und versteckte sich in einem großen Schwarm. Hier verlor sich ihre Spur.

Aber Poseidon gab nicht auf. Er befahl allen Delfinen, sie zu suchen.

Die Delfine suchten überall, in allen Meeren und Ozeanen. Sie durchschwammen alle Gewässer, durchsuchten alle Meeresgrotten. Als Meeresgöttin musste Amphitrite schließlich irgendwo im Meer sein.

Endlich, nach langer Suche, fand ein Delfin Amphitrite: Sie hatte bei dem Titanen Atlas Schutz gesucht.

»Amphitrite, du große Meeresgöttin, warum versteckst du dich?«, fragte der Delfin. »Hast du nicht begriffen, wer dich heiraten möchte? Es ist Poseidon, unser Herr und Gebieter, der größte aller Meeresgötter! Hast du ihn nicht erkannt?«

»Doch!«, sagte die Meeresgöttin. »Ich habe ihn erkannt. Er ist mir aber viel zu groß! Und auch viel zu mächtig. Ich habe Angst vor ihm.«

»Sag ihm das, dann wird er sich kleiner machen, das ist kein Problem. Er will dich heiraten. So wirst du zur mächtigsten Meeresgöttin.«
Schließlich hat Amphitrite zugestimmt, Poseidon zu heiraten.
Poseidon freute sich so sehr, dass er den Delfin als Sternbild am Himmel verewigte.
Amphitrite und Poseidon hatten viele Kinder. Nach ihrer Tochter Rhode wurde die Insel Rhodos benannt. Auch der kleine Meeresgott Triton war ein Kind von Poseidon und Amphitrite.
Bevor er Amphitrite heiratete, hatte Poseidon mehrere Kinder von anderen unsterblichen Wesen. Alle diese Kinder waren unheimlich groß. So zum Beispiel der Riese Antaios oder die Giganten Otos und Ephialtes.
Auch der schreckliche Kyklop Polyphemos war ein Sohn Poseidons.

Kein anderer Gott nahm so viele verschiedene Gestalten an wie Poseidon. So machte es ihm Spaß, als Stier, Pferd oder Widder zu erscheinen. Darum wurde er auch Hippios, der Herr der Pferde, genannt. Mehrere seiner Freunde beschenkte er mit Pferden.

Er war unglaublich mächtig. Er konnte Göttinnen in Tiere verwandeln, ohne dass sie es am Anfang merkten.

Um die schöne Tochter des thrakischen König Bisaltes, Theophane, zu entführen, verwandelte er sie in ein Schaf. Dann brachte er sie auf eine einsame Insel.

Endlich, dachte er, jetzt sind wir allein!

Dann aber stellte er entsetzt fest, dass er Theophane nicht in einen Menschen zurückverwandeln konnte.

Poseidon war verzweifelt. So etwas passierte ihm zum ersten Mal. Was sollte er jetzt tun?

Schließlich verwandelte er sich selbst in einen Schafbock. So lebten sie als Schaf und Schafbock einen ganzen Sommer lang zusammen.

Aus der Beziehung wurde ein Widder mit goldenem Fell und goldenen Hörnern geboren, der fliegen und sprechen konnte. Dieser Widder opferte sich später, um zwei Kindern das Leben zu retten. Sein Fell, das Goldene Vlies, blieb als Erinnerung auf der Erde. Es sollte alle an die gute Tat des göttlichen Boten mit dem goldenen Fell erinnern.

Poseidon besaß die schönsten Pferde der Welt. Als die Okeanide Thetis König Peleus heiratete, gab er ihr als Hochzeitsgeschenk zwei unsterbliche Rosse, Xanthos und Balios. Thetis schenkte die Rosse später ihrem Sohn Achilles. Die göttlichen Pferde nahmen am Trojanischen Krieg teil. Sie zogen Achilles' Streitwagen. Unermüdlich kämpften sie zusammen mit ihrem Herrn. Als Achilles' Freund Patroklos getötet wurde, weinten die Pferde wie Menschen an seinem Grab.

Nyx, die Göttin der Nacht

Tagsüber schlief sie.
Aber nachts, wenn alle anderen Götter schliefen, wurde sie wach. Dann gehörte ihr die ganze Welt: Nyx, der Göttin der Nacht. Sie war sehr klug.
Nachts war sie überall, und sie sah alles: die hungrigen Wölfe mit ihren leuchtenden Augen, die in Rudeln die Wälder auf der Suche nach Beute durchstreiften. Sie sah Rehe und die immer vorsichtigen Hasen und Wildschweine.
Sie sah auch sehr viele Jäger, die auf der Jagd waren.

Genauso wie die Göttin der Weisheit, Pallas Athene, hatte Nyx nie geheiratet. Sie hatte auch keine Liebschaften. Aber sie hatte trotzdem Kinder, einige sehr wichtige Götter und Göttinnen.
Ihr erstes Kind war Thanatos, der Tod. Thanatos war ein drei Meter großes schwarzes Gerippe, mit roten, funkelnden Augen. An seiner rechten Schulter hing eine schwarze Umhängetasche aus Leder, in die er die toten Seelen steckte. In seiner linken Hand hielt er eine silberne Sense, die unheimlich leuchtete. Diese Sense erschreckte die Menschen, obwohl Thanatos sie niemals benutzte.

»Ich weiß nicht, warum ich diese Sense habe«, klagte er oft, »sie stört mich nur. Ich muss sie trotzdem immer tragen. Das ist ein Befehl von Zeus. Wenn ich sie irgendwo liegen lasse, fliegt sie sofort hinter mir her, wie eine leere Seele, wie eine lästige Fliege.«

Thanatos sah so schrecklich aus, dass jeder, der ihn sah, sofort in Ohnmacht fiel. Der Tod musste sich nur bücken, die Seele aus dem Körper holen und in seine Umhängetasche stecken.

Das tat er Tag und Nacht. Das war seine Aufgabe. Darum war er auf der Welt.

Einmal sagte Zeus zu Nyx: »Meine liebe Freundin, es gefällt mir nicht, dass die Sterblichen so große Angst vor deinem Sohn Thanatos haben. Sie begreifen nicht, dass ewiges Leben Stillstand bedeutet. Wenn alle, wie sie es wünschen, ewig leben würden, würde sich auf der Welt nichts verändern. Die Menschen würden dann keinen Nachwuchs haben. Es würde auch keine Liebe geben. Eine Welt ohne Liebe – das wäre schrecklich!«

»So ist es, Vater Zeus«, stimmte Nyx ihm zu. »Aber was schlägst du vor? Was erwartest du von mir?«

»Noch einen Gott – einen lieben Bruder für deinen Sohn Thanatos – einen sanften Bruder. Er soll ein Gott des Lebens und auch der Liebe sein. Wir werden ihn Hypnos, den Schlaf, nennen. Was meinst du?«

Nyx nickte. »Ich habe nichts dagegen. Wenn du es so wünschst, so soll es geschehen.«

»Wenn die Menschen schlafen können wie wir Götter«, sagte Zeus, »werden sie wissen, dass Schlafen guttut. Wenn man schläft, ist man wie tot. Aber man wacht wieder auf, und dann ist man nicht mehr müde, sondern voller Tatendrang.«

»Das stimmt!«, rief Nyx.

»Dann tu etwas, Nyx. Den Namen haben wir schon – jetzt musst du dem Hypnos Leben geben.«

So kam der sanfte Bruder von Thanatos, Hypnos, auf die Welt. Keiner wusste, wie er aussah. Man konnte ihn nur fühlen. Wenn er da war, dann wurden einem die Glieder schwer, und man hatte bald nur einen Wunsch: schlafen, schlafen, schlafen.

Alles geschah so, wie Zeus es sich vorgestellt hatte: Menschen und Tiere gingen gern schlafen. Denn sie wussten, dass sie bald völlig ausgeruht wieder aufwachen würden.

Nach Hypnos bekam Nyx, die Nacht, noch mehr göttliche Kinder. Als Erstes Oneiroi, die Träume. Es waren viele Träume. Und auch sehr verschiedene: Einige waren schön und angenehm, andere waren lustig, wieder andere waren traurig oder Angst einflößend. Sie liefen ständig zusammen hinter ihrem Bruder Hypnos her. Man merkte, dass sie Geschwister waren.

Danach bekam Nyx noch die drei Parzen, drei Göttinnen, die die Gabe hatten, in die Zukunft zu sehen. Man nannte sie auch »die Göttinnen des Schicksals«. Ihre Voraussagen trafen immer zu. Viele Griechen waren sich nicht sicher, wer nun das Weltgeschehen wirklich bestimmte: Zeus oder die drei Schicksalsgöttinnen? Sie fragten sich: Sagen die Schicksalsgöttinnen das, was Zeus hören will, oder verkündet Zeus das, was die drei Schicksalsgöttinnen ihm geflüstert haben?

Nach den drei Parzen gebar Nyx bald einen weiteren Gott: Momos, den Gott des Nörgelns. Er war ein ganz besonderer Gott: klein, mit lockigen Haaren, feurigen Augen und sehr gesprächig. Er gab jedem Ratschläge, von morgens bis abends. Er war der größte Besserwisser der Welt. Er wusste einfach alles, nur viel, viel besser als alle anderen.

Mit seinen Ratschlägen ging er jedoch bald allen auf die Nerven. Alle Götter machten einen großen Bogen um ihn, auch wenn sie ihn nur von Weitem sahen.

Am Anfang bemerkte Momos es gar nicht. Aber bald wurde ihm klar, dass es immer weniger Götter gab, die er belehren konnte.

Er klagte bei seiner Mutter: »Das ist wirklich unerhört! Die Götter wollen sich nicht bessern. Keiner auf dieser Welt will sich bessern. Sie meiden den einzigen Gott, der ihnen helfen kann, vollkommen zu werden.

Und weil sie so dumm sind, kann ich meine göttliche Aufgabe nicht erfüllen. Bitte, melde es Zeus. So geht es nicht weiter!«

»Das werde ich tun!«, versprach Nyx.

Nach einigen Tagen traf er sie wieder.

»Hast du mit Zeus gesprochen? Was sagte er?«, fragte Momos.

Seine Mutter sah ihn an und sagte: »Zeus meinte, du solltest dich nicht ärgern. Alles, was kostenlos ist, ist schwer zu verkaufen. Verlange Gold, verlange für jeden Ratschlag viel Geld, sehr viel Geld. Dann werden sie alle kommen. Zeus sagte, dass alle denken: Was nichts kostet, ist nichts wert. Das solltest du als Gott der guten Ratschläge doch eigentlich selber wissen.«

»Was nichts kostet, ist nichts wert« – dieser Satz ist als Sprichwort bis heute geblieben.

Momos lernte schnell. Er begann sofort, für seine Ratschläge Geld zu verlangen. Und tatsächlich: Auf einmal waren seine Ratschläge sehr gefragt. Je mehr Geld er haben wollte, desto mehr Götter – und auch reiche Könige – warteten vor seinem Tempel. So wurde Momos praktisch der erste Unternehmensberater der Welt.

Und darum sagt man bis heute: Guter Rat ist teuer!

Artemis, die Göttin der Jagd

Artemis war die Göttin der Jagd und des Bogenschießens. Gleichzeitig war sie auch die Beschützerin der Kinder und der wilden Tiere.
Man traf sie selten auf dem Olymp. Sie liebte die Natur. Sie streifte durch die Berge Griechenlands, begleitet von einer Schar von Nymphen. Sie alle mussten vor ihr einen Eid ablegen: »Wir werden niemals Kinder bekommen!«
Eine ihrer Gefährtinnen, die schöne Nymphe Kallisto, hatte den Eid gebrochen. Als sie ein Kind bekam, verwandelte Artemis sie in einen Bären und ihr Baby in ein kleines Bärenkind und jagte sie beide fort. Später tat es ihr leid, und sie setzte die beiden als Sternbilder an den Himmel: der Große Bär und der Kleine Bär.

Artemis war eine sehr stolze Göttin. Sie war die Zwillingsschwester von Apollon. Ihre Mutter war Leto, und ihr Vater war Zeus. Sie war sehr sportlich und sehr hübsch.
»Wo Artemis ist, ist auch der Tod«, sagten die alten Griechen.
Für den plötzlichen Tod junger Frauen machten sie Artemis verantwortlich. Für den plötzlichen Tod junger Männer ihren Zwillingsbruder Apollon.

Artemis und die Giganten Otos und Ephialtes

Zwei Giganten, Otos und Ephialtes, waren schon seit langer Zeit in Artemis verliebt. Beide machten ihr den Hof, beide wollten sie heiraten. Sie verfolgten Artemis, wohin sie auch ging. Aber sie lachte Otos und Ephialtes aus und konnte ihnen immer entwischen.

Die Giganten waren verärgert und baten Eros: »Bitte, schieß einen Liebespfeil auf sie ab, wenn wir in ihrer Nähe sind, damit sie sich in einen von uns verliebt!«

Aber Eros winkte ab: »Bei dieser Göttin prallen meine Liebespfeile ab und haben keine Wirkung.«

Die Giganten gaben nicht auf. »Wir kriegen sie trotzdem!«, brüllten die beiden.

Doch das war ihr Todesurteil.

Otos und Ephialtes waren leidenschaftliche Jäger. Das wusste Artemis. Sie konnte es nicht länger ertragen, von den beiden Giganten verfolgt zu werden, und so lockte sie sie mit Apollons Hilfe auf eine Wiese. Otos und Ephialtes ahnten nicht, dass es eine Falle war. So liefen sie auf die Wiese – jeder aus einer anderen Richtung. Jetzt zauberte Artemis einen prächtigen Hirsch auf die Wiese, genau zwischen die beiden. Otos rief: »Sieh mal, ein Hirsch!«

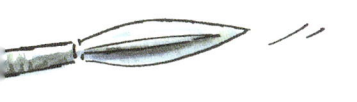

»Den kriegen wir!«, sagte Ephialtes und freute sich.
Gleichzeitig warfen sie ihre Speere. Aber Apollon lenkte die Speere so, dass sie über den Hirsch hinwegsausten. Otos' Speer traf Ephialtes ins Herz, und Ephialtes' Speer durchbohrte Otos' Herz.
So töteten sich die beiden gegenseitig, und Artemis war die lästigen Verehrer los.

Artemis und der Riese Orion

Artemis war zwar die Göttin der Jagd, aber sie war auch die Beschützerin der Tiere. Außerdem sorgte sie dafür, dass die Wälder gesund und grün blieben.
In dieser Zeit lebte in Griechenland ein Riese, der der größte Jäger aller Zeiten war.
Artemis bewunderte seine Geschicklichkeit sehr. Sein Name war Orion.
Orion war so groß, dass er zu Fuß das Meer durchwaten konnte. Er ging auf dem Meeresboden, aber sein Kopf und seine Schultern ragten aus dem Wasser heraus.
Sein Köcher war immer voller Pfeile. Er war berühmt für seine Treffsicherheit: Er konnte einen Spatz aus fünfhundert Schritt Entfernung treffen. Eine Hundemeute begleitete ihn bei der Jagd.

Eines Tages bestellte ihn der König der Insel Chios zu sich.

»Orion«, sagte er, »ich will kein Wild auf meiner Insel haben. Du hast freie Hand. Töte alle wilden Tiere und Vögel.«

Orion freute sich, spannte den Bogen und begann zu jagen.

Ein erschrockener Falke flog sofort zu Artemis.

»Göttin, rette uns!«, rief er ihr bereits von Weitem entgegen. »Der Riese Orion und seine Hundemeute vernichten das ganze Wild auf der Insel Chios. Bald werden die Wälder ohne Wild sein.«

Artemis begab sich ohne zu zögern nach Chios. Als sie die vielen toten Rehe, Hasen, Hirsche, Füchse und Wölfe sah, holte sie einen Pfeil aus ihrem Köcher, spannte den Bogen und tötete Orion auf der Stelle. Der Riese fiel zu Boden, bewegte sich aber noch. Um ihn zu töten, zauberte die Göttin der Jagd einen riesengroßen Skorpion, der den Riesen stach. Jetzt war der Riese endlich tot.

Aber weil er ein großer Jäger gewesen war, beschloss Artemis, ihn zu verewigen. Sie setzte ihn als Sternbild Orion an den Himmel, zusammen mit seinen vielen Hunden. Sie ließ ihn hell leuchten.

Aus dem Skorpion entstand das Sternbild des Skorpion.

Artemis und der Prinz Aktalion

Einen anderen großen Jäger, den Prinzen Aktalion, hat Artemis auf eine schreckliche Weise bestraft.

Aktalion war ein leidenschaftlicher Jäger. Jeden Tag ging er jagen, mit einem großen Gefolge und einer Meute von fünfzig Jagdhunden. Eines Tages kam ein Bauer zu ihm. Er war ganz außer Atem und berichtete: »Herr, ich habe gerade einen Hirsch mit einem goldenen Geweih gesehen. Er stand auf einer Lichtung in der Nähe der Meeresgrotte. Wenn du sofort kommst, wirst du ihn kriegen!«

Der Prinz ließ sein Pferd satteln. Die Hofjäger wurden zusammengetrommelt, die Hundemeute losgelassen. Alle folgten dem Bauern. Bald kamen sie auf eine Lichtung, auf der mehrere Hirschkühe grasten. Aus ihrer Mitte ragte stolz ein prächtiger Hirsch mit goldenem Geweih. Die Hunde stürzten sich auf das Wild. Pfeile zischten durch die Luft. Die Hirschkühe wurden alle getötet. Aber der Hirsch mit dem goldenen Geweih konnte sich retten. Mit einem Sprung verschwand er im Dickicht. Aktalion jagte hinter ihm her.

Was Aktalion nicht wusste: Dieser Hirsch war das Lieblingstier der Göttin Artemis.

Jetzt suchte der Hirsch Rettung bei der Göttin, die mit ihrem Gefolge in der Meeresgrotte badete. Plötzlich stand der Hirsch in der Grotte und hinter ihm, mit gespanntem Bogen in den Händen, völlig verschwitzt und außer Atem, der Prinz.

»Ein Mensch! Ein Mensch ist da!«, riefen die Nymphen ängstlich und tauchten im Wasser unter.

Aktalion sah die nackte Göttin, die wütend zu ihm sprach: »Du willst meinen Lieblingshirsch abschießen, den Hirsch mit dem goldenen Geweih? Du bist wohl nicht bei Trost, Aktalion! Glaubst du, ich erlaube das? Zur Strafe werde ich dich in einen Hirsch verwandeln. Dann werden wir sehen, was deine Jäger mit dir machen.«

Artemis setzte sich auf den Hirsch mit dem goldenen Geweih und verschwand. Aktalion blieb als Hirsch zurück. Er wollte Artemis um Gnade bitten, aber aus seinem Mund kamen keine Worte, sondern nur ein lautes Röhren.

Mit Entsetzen hörte er seine Jäger rufen: »Kommt schnell, da ist der Hirsch!«

»Ich bin kein Hirsch, ich bin euer Herr, der Prinz!«, wollte Aktalion rufen, aber aus seiner Kehle drang wieder nur das tiefe Röhren eines Hirschs. Bald waren alle Jäger da. Die Hundemeute stürzte sich auf den Prinzen.

Der tote Hirsch wurde ins Schloss gebracht.

Prinz Aktalion aber blieb seit diesem Tag verschwunden. Und alle wunderten sich, wo er wohl geblieben war.

Eos, die Göttin der Morgenröte

Eos war die Göttin der Morgenröte. Die Römer nannten sie Aurora. Ihre Geschwister waren Helios, der Sonnengott, und Selene, die Mondgöttin.

Von allen Göttern des Olymps wachte sie morgens als Erste auf. Deshalb wurde sie auch »die Früherwachende« genannt.

Sie sorgte dafür, dass sich der Himmel jeden Morgen rot färbte und die Sonne aufging. Eos brauchte morgens immer einige Zeit, um die Welt zu erhellen. Das weiß jeder, der schon mal einen Sonnenaufgang gesehen hat.

Sie fuhr mit ihrem Bruder Helios gemeinsam über den Himmel, allerdings in getrennten Wagen. Eos hatte einen eigenen Wagen, mit dem sie vorausfuhr. Ihre Pferde hießen Phaeton, »der Glänzende«, und Lampos, »der Helle«.

Ihr erster Mann war der Titan Astraios. Eos liebte ihn sehr. Gemeinsam hatten sie vier Kinder: den Nordwind, den Südwind, den Ostwind und den Westwind. Die vier Winde flogen sofort über die ganze Welt, und alle Götter nickten anerkennend: »Was für schöne Kinder Eos und Astraios haben!«

Danach bekam Eos Eosphoros, den Morgenstern, und noch weitere Sterne.

Viele, viele Jahre später trennten sich Eos und Astraios.

Danach heiratete Eos den Riesen Orion, den größten Jäger aller Zeiten. Orion wurde später von Artemis, der Göttin der Jagd, getötet, weil sie gehört hatte, dass Orion das gesamte Wild auf der Insel Chios töten wollte.

Eos trauerte sehr um Orion, bis sie sich in einen sterblichen Mann verliebte: in den Prinzen Tithonos. Sie entführte Tithonos und versteckte ihn in einem ihrer schönsten Schlösser, das ganz abgelegen an einem Strand im Osten Griechenlands lag.

Eos sah Tithonos an und sagte: »Hier werden wir heiraten und für immer zusammenbleiben, mein Liebster.«

Doch Tithonos antwortete: »Eos, du vergisst, dass ich ein Sterblicher bin. Du bist eine Göttin. Du bist unsterblich. Ich aber nicht!«

»Zeus kann dir Unsterblichkeit verleihen!«, rief Eos. »Das wünschen wir uns von ihm zur Hochzeit!«

Zeus, der bester Laune war, verkündete auf Eos' und Tithonos' Hochzeit: »Du sollst ewig leben, Tithonos! Du hast mein Wort!«

Und so geschah es. Eos und Tithonos bekamen bald zwei Söhne: Memnon und Emathion. Sie waren sehr glücklich, bis Eos eines Tages merkte, dass ihr Mann Tithonos von Tag zu Tag älter wurde. Seine Haare wurden grau. Seine Haut wurde faltig.

Eos dachte: Zeus hat ihm zwar ewiges Leben gegeben, aber nicht ewige Jugend! Was soll ich jetzt tun?

Daran hätte Eos früher denken müssen. Nun konnte sie Zeus nicht mehr um ewige Jugend für Tithonos bitten. Sie wusste sich keinen Rat. Ihr Mann wurde immer älter und älter und älter. Er schrumpfte vor ihren Augen zusammen. Seine Haut wurde immer faltiger. Sein Gesicht wurde weiß. Er wurde immer kleiner.

Als Tithonos am Ende zu einer ausgetrockneten Hülle zusammengeschrumpft war, verwandelte Eos ihn in eine Zikade – eine große Zikade. Tithonos zirpte fröhlich von morgens bis abends und erfreute damit alle Bewohner des Schlosses. Jedes Jahr legte er seine alte Haut ab. Mit der Zeit füllte sich ein ganzes Zimmer mit Tithonos' alten Häuten.
So ging es mehrere Jahre, bis Eos' Diener die alten Zikadenhäute im Frühling wegwerfen wollten. Doch Eos erlaubte es nicht.
»Es sind zwar alte, leere Häute«, sagte sie, »aber sie gehören meinem Mann, der ständig so fröhlich in seinem Zimmer zirpt. Was würde er denken, wenn wir sie wegwerfen?«
Eos überlegte kurz und verwandelte dann alle leeren Häute in lebendige Zikaden. Danach öffnete sie das Fenster und ließ die Zikaden frei.
»Zirpt und erfreut die Welt!«, rief sie zum Abschied, und die Zikaden hüpften davon.

Dimiter Inkiow wurde 1932 in Haskovo, Südbulgarien, geboren. Er studierte Bergbauingenieurwesen, dann Theaterwissenschaft und machte ein Diplom als Regisseur. Er verfasste zahlreiche Bühnenstücke, bis er wegen einer Komödie Schreibverbot erhielt. 1965 kam er nach Deutschland. Er hat über 100 Bücher veröffentlicht, die in 24 Sprachen übersetzt wurden. Seine Bücher aus der Serie »Ich und meine Schwester Klara« sind inzwischen moderne Klassiker. 1997 hat die Staatliche Hochschule für Theater und Filmkunst in Sofia Dimiter Inkiow die Ehrendoktorwürde verliehen. Er starb im September 2006.

Wilfried Gebhard, 1944 in Crailsheim geboren und in Stuttgart aufgewachsen, lebt heute im schwäbischen Maulbronn. Nach dem Grafikstudium in Stuttgart an der Grafischen Fachschule und der Staatlichen Akademie der bildenden Künste arbeitete er zunächst als Artdirector in einer Werbeagentur. Später kam er zum Cartoon und zur Illustration und arbeitete als Freelancer für nationale und internationale Werbeagenturen sowie fürs Fernsehen. Neben Veröffentlichungen in zahlreichen Magazinen und Zeitschriften erschienen 1989 die ersten Cartoonbücher, seit 1992 illustriert Wilfried Gebhard auch Kinderbücher.

Alles rund ums Thema Vorlesen!

Auf **www.ellermann.de/vorlesen** finden Sie weitere tolle Bücher, Tipps und Ideen. Wir wünschen Ihnen viel Spaß beim Surfen und Vorlesen.

ellermann
DER VORLESEVERLAG